# SENI MEMBAKAR BAGUETTE

Melancarkan Aroma dan Perisa Roti Perancis

Jane Manicka

Bahan Hak Cipta ©2023

Hak cipta terpelihara

Tiada bahagian buku ini boleh digunakan atau dihantar dalam apa jua bentuk atau dengan apa cara sekalipun tanpa kebenaran bertulis yang sewajarnya daripada penerbit dan pemilik hak cipta, kecuali petikan ringkas yang digunakan dalam semakan. Buku ini tidak boleh dianggap sebagai pengganti nasihat perubatan, undang-undang atau profesional lain.

## ISI KANDUNGAN

**ISI KANDUNGAN** ........................................................................ 3
**PENGENALAN** ........................................................................... 7
**BAGUET KLASIK** ...................................................................... 8
   1. Baguette asas ..................................................................... 9
   2. Baguette asam .................................................................. 13
**BAGUET SERANTAU** ............................................................. 15
   3. Bánh Mì (Baguette Vietnam) .......................................... 16
   4. Baguette Paris ................................................................. 19
   5. Baguette Herba Provence ............................................... 21
   6. Baguette Bawang Alsace ................................................ 24
   7. Normandy Epal Baguette ............................................... 27
   8. Roti tongkol herba .......................................................... 30
   9. Baguette Keju Kambing Lembah Loire .......................... 34
   10. Sakit Perancis d'Épi ...................................................... 37
   11. Côte d'Azur Zaitun Baguette ........................................ 40
   12. Brittany Mentega Baguette .......................................... 43
   13. Lembah Rhône Fougasse Baguette .............................. 46
   14. Baguette Mustard Burgundy ........................................ 49
   15. Baguette Keju Savoy .................................................... 52
   16. Corsica Berangan Baguette .......................................... 55
   17. Basque Lada Baguette .................................................. 58
   18. Baguette Bawang Putih Languedoc ............................. 61
   19. Baguette Keju Biru Auvergne ...................................... 64
   20. Baguette Wain Merah Bordeaux ................................. 67
   21. Portugis Bolo do Caco ................................................. 70
   22. Simit Turki ................................................................... 73
   23. Pan de Barra Sepanyol ................................................ 76
   24. Khobz Maghribi ........................................................... 79
   25. Chuta Peru ................................................................... 82
   26. Krustenbrot Jerman ..................................................... 85
   27. Roti Benggali Malaysia ............................................... 88
   28. Kemboja Num Pang Baguette ..................................... 91

29. Baguette Argentina ..................................................... 94
30. Baguette Indonesia (Roti Tawar) .............................. 97
31. Roti Medianoche Cuba .......................................... 100
32. Turki Kandil Simidi ................................................. 103
33. Pan de Cristal Sepanyol ........................................ 106

## BAGUET EKSOTIK .............................................................. 109
34. Baguettes currants-walnut .................................... 110
35. Baguettes au levain .............................................. 113
36. Baguette currant-walnut ....................................... 115
37. Ham, keju & baguette herba ................................. 118
38. Baguette doh pizza ............................................... 121
39. Baguette sayuran .................................................. 123
40. Apricot Baguettes dengan Madu Glaze ................. 125
41. Roti kamut rempah madu ...................................... 128
42. Viennoise atau Chocolat ....................................... 131
43. Ficelle .................................................................... 134
44. Roti perancis pita biru ........................................... 136
45. Viennoise atau Chocolat yang disumbat ............... 139
46. Beri biru dan Limau Baguette ............................... 141

## BAGUET GANDUM SELURUH .......................................... 144
47. Baguette gandum penuh berkerak ........................ 145
48. Baguette Gandum Penuh Klasik ........................... 148
49. Baguette Gandum Penuh Rosemary ..................... 151
50. Bawang Putih Parmesan Baguette Gandum Seluruh ....... 154
51. Baguette Gandum Penuh Madu ............................ 157
52. Baguette Gandum Seluruh Tomato Kering Matahari ....... 160
53. Baguette Gandum Penuh Zaitun dan Herba ......... 163
54. Gandum Penuh Multigrain Baguette ..................... 166
55. Cheddar and Chive Gandum Penuh Baguette ...... 169
56. Kranberi Macadamia Baguette .............................. 172
57. Chocolate Chip Gandum Penuh Baguette ............ 175
58. Baguette Gandum Keseluruhan Biji Popi Badam ....... 178
59. Pesto dan Mozzarella Gandum Penuh Baguette .... 181
60. Jalapeño Gandum Penuh Baguette ....................... 184
61. Baguette Gandum Penuh Ara dan Brie ................. 187
62. Baguette Gandum Seluruh Walnut Kranberi ......... 190
63. Kismis Kayu Manis Baguette Gandum Seluruh .... 193

## BAGUET BEBAS GLUTEN .................................................. 196
- 64. Baguette Tepung Badam ........................................... 197
- 65. Baguette Tepung Ubi Kayu ....................................... 199
- 66. Baguette Tepung Chickpea ....................................... 201
- 67. Tepung Beras Baguette ............................................ 203
- 68. Baguette Tepung Soba ............................................. 205
- 69. Baguette Tepung Teff ............................................... 207
- 70. Baguette Tepung Sorghum ....................................... 209

## BAGUET SUMBIT DAN SANDWICH ................................ 211
- 71. Baguette Sumbat Caprese ........................................ 212
- 72. Baguette Sumbat Bayam dan Articok ....................... 214
- 73. Baguette Sumbat Mediterranean .............................. 216
- 74. Baguette Sumbat Bebola Daging Itali ...................... 218
- 75. Baguette Sumbat Udang Cajun ................................ 220
- 76. Baguette Sumbat Babi Tarik BBQ ............................. 222
- 77. Ayam Caesar Sumbat Baguette ................................ 224
- 78. Taco Sumbat Baguette ............................................. 226
- 79. Daging Lembu Panggang dan Baguette Sumbat Lada Pedas ........ 228
- 80. Baguette Sumbat Ayam Kerbau ................................ 230
- 81. Baguette Sumbat Ayam Pesto ................................... 232
- 82. Salmon salai dan Baguette Keju Krim ...................... 234
- 83. BLT Sumbat Baguette ............................................... 236
- 84. Baguette Sumbat Salad Telur ................................... 238
- 85. Baguette Sumbat Sayuran dan Hummus ................. 240
- 86. Baguette Strawberi ................................................... 242
- 87. Baguette Ara ............................................................. 244
- 88. Baguette Epal ........................................................... 246
- 89. Peach dan Basil Baguette ........................................ 248
- 90. Baguette Keju Raspberi dan Kambing ..................... 250
- 91. Anggur dan Gorgonzola Baguette ........................... 252
- 92. Pear dan Walnut Baguette ....................................... 254
- 93. Baguette Mangga ..................................................... 256
- 94. Blackberry dan Ricotta Baguette ............................. 258

## MINI BAGUETTE GULUNG ........................................... 260
- 95. Roti Roti Mini Perancis ............................................. 261
- 96. Roti Roti Susu Mini ................................................... 264

97. Roti Gulung Perancis .................................................................. 267
98. Baguette Mini Tanpa Gluten ...................................................... 270
99. Baguette Mini Desa ................................................................... 274
100. Baguette Mini Sumbat .............................................................. 277
**KESIMPULAN** ................................................................................ **280**

# PENGENALAN

Selamat datang ke dunia Seni Membakar Baguette: Melepaskan Aroma dan Perisa Roti Perancis. Dalam buku masakan ini, kami menjemput anda untuk menyelami hati dan jiwa penaik roti, di mana aroma yang memabukkan dan rasa kaya baguette Perancis menjadi hidup di dapur anda sendiri.

Baguette, simbol kecemerlangan masakan Perancis, telah menawan hati pembuat roti dan penggemar makanan di seluruh dunia. Dalam buku ini, kami akan membimbing anda dalam perjalanan yang mendalami seni dan sains membuat roti ikonik ini. Sama ada anda seorang pemula di dapur atau tukang roti yang berpengalaman, buku ini adalah kunci anda untuk membuka rahsia kesempurnaan baguette.

Perjalanan kami bermula dengan elemen asas baking baguette, daripada memilih bahan terbaik hinggalah menguasai teknik penting. Kami akan meneroka kepentingan penapaian, pembentukan doh, keajaiban ketuhar, dan kepuasan yang diperoleh daripada membuat baguette keemasan yang sempurna dan berkerak. Sepanjang perjalanan, anda akan belajar cara membuat profil perisa yang unik milik anda.

Tetapi buku masakan ini bukan hanya tentang baguette tradisional; ia mengenai meraikan kemungkinan yang tidak berkesudahan dalam dunia roti Perancis. Anda akan temui pelbagai resipi yang mempamerkan kepelbagaian doh baguette, daripada variasi berperisa yang dipenuhi dengan herba dan keju kepada hidangan manis yang memanjakan deria anda.

Jadi, jika anda sudah bersedia untuk memulakan perjalanan kulinari yang dipenuhi dengan aroma dan rasa roti Perancis yang tidak dapat ditolak, " Seni Membakar Baguette " ialah teman yang dipercayai anda. Bersedia untuk mengisi rumah anda dengan bauan baguette yang baru dibakar yang menenangkan dan mari kita mulakan pengembaraan ini bersama-sama.

**BAGUET KLASIK**

# 1. Baguette asas

Membuat: 4 roti

**BAHAN-BAHAN:**
- 1¾ cawan air, pada suhu bilik, dibahagikan
- 2 sudu teh yis segera, dibahagikan
- 5 cawan tolak 1½ sudu besar tepung roti (atau tepung T55), dibahagikan
- 1 sudu besar garam halal

**ARAHAN:**
**BUAT PÂTE FERMENTÉE:**
a) Dalam mangkuk sederhana, kacau bersama ½ cawan air dengan secubit yis. Masukkan 1¼ cawan tepung dan 1 sudu teh garam. Kacau sehingga adunan yang berbulu sebati. Balikkan doh ke atas bangku anda dan uli sehingga sebati, 1 hingga 2 minit.

b) Kembalikan doh ke dalam mangkuk, tutup dengan tuala, dan ketepikan selama 2 hingga 4 jam pada suhu bilik atau sejukkan semalaman. Ia sepatutnya dua kali ganda saiznya.

**BUAT doh:**
c) Masukkan baki 1¼ cawan air dan baki yis ke dalam pate fermentée, menggunakan jari anda untuk memecahkan doh menjadi cecair. Masukkan baki 3⅔ cawan tepung dan baki 2 sudu teh garam. Gaul sehingga doh berbulu terbentuk, kira-kira 1 minit.

d) Balikkan doh ke atas bangku yang bersih dan uli selama 8 hingga 10 minit sehingga ia licin, elastik dan lembut. Jika anda menguli dengan tangan, tahan keinginan untuk menambah lebih banyak tepung; doh secara semula jadi akan menjadi kurang melekit apabila anda mengusahakannya.

e) Regangkan doh untuk memeriksa perkembangan gluten yang betul. Jika terlalu cepat koyak dan terasa kasar, teruskan menguli sehingga licin dan lembut.

f) Jika menguli dengan tangan, kembalikan doh ke dalam mangkuk. Tutup dengan tuala dan ketepikan selama 1 jam atau sehingga mengembang dua kali ganda.

g) Bentuk dan bakar: Tepung bangku anda dengan ringan dan gunakan pengikis bangku plastik untuk melepaskan doh dari mangkuk. Gunakan pengikis bangku logam untuk membahagikan doh kepada 4 bahagian yang sama (kira-kira 250 gram setiap satu). Tutup dengan tuala dan rehatkan selama 5 hingga 10 minit.

h) Bekerja dengan satu bahagian pada satu masa, gunakan hujung jari anda untuk perlahan-lahan menekan doh menjadi segi empat tepat yang kasar. Lipat suku atas ke bawah ke tengah, kemudian lipat suku bawah ke atas ke tengah, supaya mereka bertemu. Tekan sedikit di sepanjang jahitan untuk melekat.

i) Lipat separuh bahagian atas doh ke bahagian bawah untuk membuat log. Gunakan tumit tangan atau hujung jari anda untuk mengelak jahitan. Pastikan bangku anda ditaburkan sedikit tepung. Anda tidak mahu terlalu banyak tekanan pada doh, tetapi anda juga tidak mahu ia menggelongsor dan bukannya bergulung. Jika doh meluncur, sapu lebihan tepung dan basahkan tangan anda sedikit.

j) Balikkan doh perlahan-lahan supaya jahitan berada di bahagian bawah, dan gunakan tangan anda untuk mengayunkan hujung roti ke depan dan ke belakang untuk menghasilkan bentuk bola sepak. Kemudian gerakkan tangan anda dari tengah roti ke arah tepi untuk memanjangkannya hingga 12 hingga 14 inci. Ulangi dengan bahagian yang tinggal.

k) Letakkan tuala linen pada lembaran pembakar. Taburkan dengan tepung, dan lipat satu hujung untuk membuat sempadan. Letakkan satu baguette di sebelah lipatan ini. Lipat tuala di sepanjang sisi lain untuk mencipta ruang khusus untuk baguette naik. Letakkan baguette lain di sebelah dan buat lipatan lain. Ulangi dengan baguette yang tinggal.

l) Tutup dengan tuala dan ketepikan selama 1 jam.

m) Selepas 30 minit kalis, panaskan ketuhar hingga 475°F. Letakkan batu pembakar pada rak tengah. Alas loyang leper dengan kertas parchment (terbalikkan loyang dan kerjakan di bahagian belakang jika menggunakan batu pembakar).

n) Periksa baguette dengan mencucuk doh. Ia sepatutnya memundur sedikit, meninggalkan lekukan, dan berasa seperti marshmallow.

o) Apabila baguette sudah bersedia untuk dibakar, angkat perlahan-lahan dan pindahkan ke dalam loyang yang disediakan, letakkannya 2 inci. Berhati-hati untuk tidak mengempiskan baguette semasa memindahkannya.

p) Memegang pisau tempang atau pisau cukur pada sudut 30 darjah, skor lima garisan secara menyerong di bahagian atas baguette dengan cepat tetapi ringan, kira-kira ¼ inci dalam dan 2 inci jaraknya. Di antara roti, celupkan bilah ke dalam air untuk mengeluarkan sebarang doh yang melekit.

q) Letakkan lembaran pembakar di dalam ketuhar, atau, jika menggunakan batu pembakar, luncurkan kertas parchment dari helaian ke atas batu pembakar.

r) Siram roti dengan air 4 atau 5 kali secara keseluruhan dan tutup pintu ketuhar. Sembur sekali lagi selepas 3 minit dibakar, dan sekali lagi selepas 3 minit lagi, berfungsi dengan cepat setiap kali untuk tidak kehilangan haba ketuhar.

s) Bakar selama 24 hingga 28 minit, sehingga roti berwarna perang keemasan.

t) Pindahkan roti ke rak penyejuk selama 15 hingga 20 minit sebelum dipotong.

## 2.Baguette doh masam

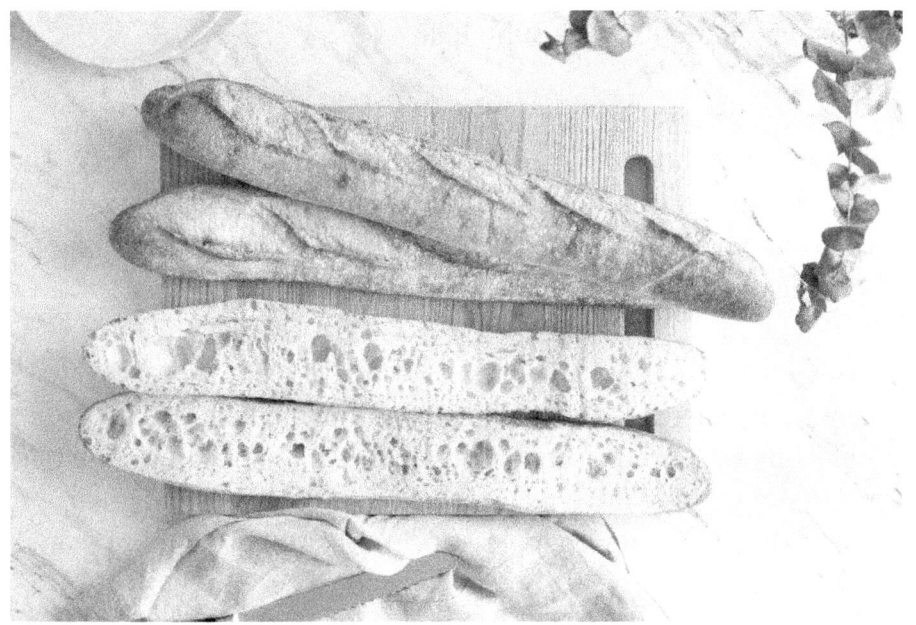

Membuat: 5 hidangan

**BAHAN-BAHAN:**
- 1¼ cawan Pemula, pada suhu bilik.
- ¼ cawan Air
- 2 sudu teh minyak zaitun
- 2½ cawan tepung roti
- ¾ sudu teh Garam
- 1½ sudu besar Gula
- 2 sudu kecil Yis

**ARAHAN:**
a) Keluarkan starter dari peti sejuk pada malam sebelum memulakan roti. Pemula suapan dan biarkan ia mencapai suhu bilik kerana ia mencerna makanan. Masukkan bahan ke dalam kuali mengikut susunan yang disenaraikan. Tetapkan untuk doh, tekan mula.

b) Apabila kitaran selesai, keluarkan doh, picit gas, masukkan ke dalam mangkuk, tutup dengan tuala teh lembap dan biarkan selama 30 minit.

c) Taburkan tepung jagung di kaunter, bentuk doh menjadi 2 silinder nipis, letakkan roti ke dalam kuali baguette, tutup dengan tuala teh dan biarkan mengembang di dalam peti sejuk 12 hingga 24 jam.

d) Keluarkan dari peti ais, renjiskan dengan air, dan biarkan sehingga kembang sepenuhnya. Taburkan dengan air sekali lagi dan bakar dalam ketuhar konvensional pada 375 F selama 30 minit atau sehingga perang dan berkerak. Untuk roti yang benar-benar berkerak, sembur dengan air setiap 5 minit semasa membakar!

# BAGUET SERANTAU

# 3. Bánh Mì (Baguette Vietnam)

Membuat: 6 baguette kecil

**BAHAN-BAHAN:**
- 170 ml air pada suhu bilik
- 250 g tepung roti (sekurang-kurangnya 12% protein)
- 1 sudu teh penambahbaik roti
- 3/4 sudu kecil yis kering
- 1/2 sudu kecil gula
- 1/4 + 1/8 sudu kecil garam
- 1/8 sudu teh vitamin C daripada serbuk atau tablet dihancurkan
- 2 sudu besar mentega vegan untuk memberus

**ARAHAN:**
a)   Dalam mangkuk pengadun berdiri yang dipasang dengan cangkuk doh, masukkan air, tepung roti, pembaik roti, yis kering, gula, garam dan vitamin C.
b)   Campurkan pada kelajuan 2 selama kira-kira satu minit, atau sehingga semuanya digabungkan. Gunakan spatula untuk mengikis bahagian tepi jika perlu. Tingkatkan kelajuan ke maksimum (10 pada Kitchenaid) dan biarkan pengadun berdiri menguli pada kelajuan penuh selama kira-kira 8 minit. Perhatikan ia kerana ia akan bergerak kerana kelajuan.
c)   Menggunakan tangan yang sedikit berminyak, pindahkan doh ke atas meja atau permukaan licin yang telah digris. Doh harus elastik dan sangat melekit, itu adalah perkara biasa. Tutup doh dengan mangkuk terbalik dan biarkan selama kira-kira 20 minit.
d)   Panaskan ketuhar anda pada suhu paling rendah (kira-kira 86°F/30°C). Jika ia tidak boleh menjadi rendah, hidupkan sahaja lampu ketuhar. Letakkan loyang berisi air suam di bahagian bawah ketuhar. Griskan dua kuali baguette dengan tuala kertas dapur yang telah disapu minyak dan ketepikan.
e)   Selepas 20 minit, bahagikan doh kepada 6 bebola kira-kira 70g setiap satu. Ini saiz biasa banh mi, tetapi jika anda mahu baguette yang lebih besar, bahagikan doh kepada 5 keping 84g.
f)   Untuk membentuk: tampar bola doh pada permukaan kerja anda yang telah digris, kemudian gunakan tangan anda untuk meratakannya menjadi segi empat tepat nipis. Seterusnya, gulungkannya ke dalam

gulungan sepanjang kira-kira 5 inci. Pindahkan ke kuali baguette yang disediakan dan ulangi dengan bola doh yang tinggal.

g) Basahkan dua kain tipis ringan dan letakkannya di atas kuali baguette; ini akan menghalang baguette daripada mengering dan membentuk kerak. Letakkan kuali baguette dalam ketuhar yang telah dipanaskan dan biarkan doh mengembang selama kira-kira 2 jam setengah. Semak selepas 1 jam dan susun semula kain katun jika perlu.

h) Setelah doh anda mengembang empat kali ganda, keluarkan kuali dari ketuhar tetapi letakkan kain tipis di atasnya. Panaskan ketuhar hingga 475°F (247°C) dan letakkan kuali seterika di bahagian bawah ketuhar. Ini akan membantu mengekalkan haba dengan lebih baik. Biarkan ketuhar panas selama sekurang-kurangnya 25 minit.

i) Didihkan kira-kira 3 cawan air. Sementara itu, keluarkan kain keju dan semburkan doh dengan air. Menggunakan pisau cukur berminyak (atau pisau yang sangat tajam), skor setiap roti dengan 2-3 potongan. Petua: Pegang bilah pada sudut 45° (tidak berserenjang) dan buat potongan sedalam kira-kira 1/2 cm.

j) Sembur dengan air sekali lagi. Letakkan kuali baguette anda ke dalam ketuhar dan tuangkan air mendidih ke dalam kuali seterika. Segera tutup pintu ketuhar dan matikan kipas ketuhar.

k) Bakar selama kira-kira 17 minit, atau sehingga banh mi berwarna perang keemasan. Jangan buka pintu semasa membakar. Setelah banh mi anda mempunyai warna yang cantik, terbalikkan dengan teliti dan bakar selama 4 minit lagi, atau sehingga bahagian bawahnya juga berwarna perang keemasan.

l) Keluarkan dari ketuhar dan dengar mereka retak! Sesetengah keretakan sepatutnya muncul dengan cepat; itu antara ciri-ciri banh mi yang bagus. Jika anda mahu mereka berkilat, sapu sedikit dengan mentega vegan cair dan biarkan ia sejuk sedikit sebelum makan.

m) Bánh mì paling baik dimakan pada hari yang sama; keraknya super rangup dan serbuknya sangat gebu! Anda boleh menyimpannya sehingga 3 hari pada suhu bilik dalam beg roti. Ia akan menjadi lebih lembut pada keesokan harinya, tetapi anda boleh memanaskannya semula dalam ketuhar yang telah dipanaskan untuk menjadikannya rangup semula.

# 4.Baguette Paris

**BAHAN-BAHAN:**
- 500g tepung roti
- 10g garam
- 7g yis kering aktif
- 350ml air suam

**ARAHAN:**
a) Dalam mangkuk adunan besar, satukan tepung roti dan garam.
b) Dalam mangkuk kecil yang berasingan, larutkan yis dalam air suam dan biarkan selama 5-10 minit sehingga ia menjadi berbuih.
c) Tuangkan adunan yis ke dalam adunan tepung dan kacau hingga menjadi doh.
d) Uli doh pada permukaan yang ditaburkan tepung selama kira-kira 10 minit sehingga ia licin dan elastik.
e) Letakkan doh dalam mangkuk yang disapu sedikit minyak, tutupnya dengan kain lembap, dan biarkan ia mengembang di tempat yang hangat selama kira-kira 1 jam atau sehingga ia mengembang dua kali ganda.
f) Panaskan ketuhar anda hingga 450°F (230°C).
g) Tebuk doh dan bentukkan ia menjadi baguette dengan melancarkannya menjadi roti yang panjang dan nipis.
h) Letakkan baguette pada lembaran pembakar dan biarkan ia naik selama 20-30 minit lagi.
i) Sebelum membakar, buat 3-4 garisan pepenjuru di bahagian atas baguette.
j) Bakar dalam ketuhar yang telah dipanaskan selama kira-kira 25-30 minit, atau sehingga baguette berwarna perang keemasan dan berbunyi kosong apabila diketuk di bahagian bawah.
k) Biarkan ia sejuk di atas rak dawai sebelum dihidangkan.

# 5.Baguette Herba Provence

**BAHAN-BAHAN:**
**UNTUK BAGUETTE:**
- 3 1/4 cawan (400g) tepung roti
- 1 1/4 cawan (300ml) air suam
- 1 1/2 sudu teh garam
- 1 1/2 sudu teh yis kering aktif
- 1 sudu besar minyak zaitun

**UNTUK CAMPURAN HERBA PROVENCE:**
- 2 sudu besar herba de Provence kering (campuran herba kering seperti rosemary, thyme, oregano, dan lavender)
- 2 ulas bawang putih, dikisar
- 2 sudu besar minyak zaitun
- Garam dan lada sulah secukup rasa

**ARAHAN:**

a) Dalam mangkuk kecil, satukan air suam dan yis. Biarkan selama kira-kira 5-10 minit, atau sehingga ia menjadi berbuih.

b) Dalam mangkuk adunan besar, masukkan tepung roti dan garam. Tuangkan campuran yis dan minyak zaitun. Gaulkan semuanya sehingga menjadi doh.

c) Uli doh pada permukaan yang ditaburkan tepung selama kira-kira 5-7 minit, atau sehingga ia menjadi licin dan elastik. Bentukkannya menjadi bola.

d) Letakkan doh dalam mangkuk yang disapu sedikit minyak, tutupnya dengan tuala dapur bersih, dan biarkan ia mengembang selama kira-kira 1-2 jam, atau sehingga ia mengembang dua kali ganda.

e) Semasa doh mengembang, sediakan campuran herba Provence. Dalam mangkuk kecil, gabungkan herba de Provence kering, bawang putih cincang, minyak zaitun, dan perasakan dengan garam dan lada. Gaul rata dan ketepikan.

f) Panaskan ketuhar anda hingga 425°F (220°C). Jika anda mempunyai batu pizza, letakkannya di dalam ketuhar semasa ia dipanaskan terlebih dahulu.

g) Apabila doh mengembang dua kali ganda, tebuk untuk mengeluarkan udara. Balikkannya ke atas permukaan yang ditaburkan tepung dan bahagikannya kepada dua bahagian yang sama.

h) Gulungkan setiap bahagian doh ke dalam bentuk baguette, kira-kira 12-14 inci panjang. Letakkannya di atas lembaran pembakar yang dialas dengan kertas minyak atau kulit piza yang bertepung dengan baik jika anda menggunakan batu piza.
i) Sapu campuran herba Provence dengan murah hati di atas baguette.
j) Menggunakan pisau tajam, buat beberapa garisan pepenjuru di bahagian atas setiap baguette. Ini membantu dengan penaik sekata dan memberikan baguette penampilan cirinya.
k) Bakar dalam ketuhar yang telah dipanaskan selama 20-25 minit, atau sehingga baguette berwarna perang keemasan dan bunyi berongga apabila diketuk di bahagian bawah.
l) Biarkan baguette sejuk di atas rak dawai sebelum dihiris dan dihidangkan. Nikmati Baguette Herba Provence buatan sendiri anda!

## 6.Baguette Bawang Alsace

**BAHAN-BAHAN:**
**UNTUK BAGUETTE:**
- 3 1/4 cawan (400g) tepung roti
- 1 1/4 cawan (300ml) air suam
- 1 1/2 sudu teh garam
- 1 1/2 sudu teh yis kering aktif
- 1 sudu besar minyak zaitun

**UNTUK TOPPING BAWANG:**
- 2 biji bawang besar, hiris nipis
- 2 sudu besar minyak zaitun
- 1 sudu teh gula
- 1 sudu teh garam
- 1/2 sudu kecil lada hitam
- 2 sudu besar daun thyme segar (atau 1 sudu besar thyme kering)

**ARAHAN:**
a) Dalam mangkuk kecil, satukan air suam dan yis. Biarkan selama 5-10 minit, atau sehingga berbuih.
b) Dalam mangkuk adunan besar, satukan tepung roti dan garam. Tuangkan adunan yis dan masukkan minyak zaitun. Gaul sehingga menjadi doh.
c) Uli doh di atas permukaan yang ditaburkan tepung selama kira-kira 5-7 minit sehingga menjadi licin dan anjal. Bentukkannya menjadi bola.
d) Letakkan doh dalam mangkuk yang disapu sedikit minyak, tutupnya dengan tuala dapur bersih, dan biarkan ia mengembang selama 1-2 jam, atau sehingga ia mengembang dua kali ganda.
e) Semasa doh mengembang, sediakan topping bawang. Panaskan minyak zaitun dalam kuali dengan api sederhana. Masukkan bawang besar yang dihiris nipis, gula, garam, dan lada hitam. Masak dan kacau bawang sehingga ia menjadi karamel dan perang keemasan. Ini boleh mengambil masa kira-kira 20-30 minit. Kacau dalam thyme dan ketepikan adunan untuk menyejukkan.
f) Panaskan ketuhar anda hingga 425°F (220°C). Jika anda mempunyai batu pizza, letakkannya di dalam ketuhar semasa ia dipanaskan terlebih dahulu.

g) Apabila doh mengembang dua kali ganda, tebuk untuk mengeluarkan udara. Balikkannya ke atas permukaan yang ditaburkan tepung dan bahagikannya kepada dua bahagian yang sama.
h) Gulungkan setiap bahagian doh ke dalam bentuk baguette, kira-kira 12-14 inci panjang. Letakkannya di atas lembaran pembakar yang dialas dengan kertas minyak atau kulit piza yang bertepung dengan baik jika anda menggunakan batu piza.
i) Sapukan taburan bawang yang telah disejukkan secara merata ke atas baguette.
j) Menggunakan pisau tajam, buat beberapa garisan pepenjuru di bahagian atas setiap baguette untuk membakar sekata.
k) Bakar dalam ketuhar yang telah dipanaskan selama 20-25 minit, atau sehingga baguette berwarna perang keemasan dan bunyi berongga apabila diketuk di bahagian bawah.
l) Biarkan baguette sejuk di atas rak dawai sebelum dihiris dan dihidangkan. Nikmati Baguette Bawang Alsace buatan sendiri anda!

# 7.Normandy Epal Baguette

**BAHAN-BAHAN:**
**UNTUK BAGUETTE:**
- 3 1/4 cawan (400g) tepung roti
- 1 1/4 cawan (300ml) air suam
- 1 1/2 sudu teh garam
- 1 1/2 sudu teh yis kering aktif
- 1 sudu besar minyak zaitun

**UNTUK PENGISIAN Epal:**
- 2-3 epal (seperti Granny Smith atau Honeycrisp), dikupas, dibuang inti dan dihiris nipis
- 2 sudu besar mentega tanpa garam
- 2-3 sudu besar gula merah
- 1/2 sudu teh kayu manis tanah
- Sedikit garam

**ARAHAN:**

a) Dalam mangkuk kecil, satukan air suam dan yis. Biarkan selama kira-kira 5-10 minit sehingga ia menjadi berbuih.

b) Dalam mangkuk adunan besar, masukkan tepung roti dan garam. Tuangkan campuran yis dan minyak zaitun. Gaulkan semuanya sehingga menjadi doh.

c) Uli doh pada permukaan yang ditaburkan tepung selama kira-kira 5-7 minit, atau sehingga ia menjadi licin dan elastik. Bentukkannya menjadi bola.

d) Letakkan doh dalam mangkuk yang disapu sedikit minyak, tutupnya dengan tuala dapur bersih, dan biarkan ia mengembang selama kira-kira 1-2 jam, atau sehingga ia mengembang dua kali ganda.

e) Semasa doh mengembang, sediakan inti epal. Dalam kuali, cairkan mentega dengan api sederhana. Masukkan hirisan epal, gula perang, kayu manis yang telah dikisar, dan secubit garam. Masak sehingga epal lembut dan sedikit karamel. Keluarkan dari haba dan biarkan ia sejuk.

f) Panaskan ketuhar anda hingga 425°F (220°C). Jika anda mempunyai batu pizza, letakkannya di dalam ketuhar semasa ia dipanaskan terlebih dahulu.

g) Apabila doh mengembang dua kali ganda, tebuk untuk mengeluarkan udara. Balikkannya ke atas permukaan yang ditaburkan tepung dan bahagikannya kepada dua bahagian yang sama.
h) Gulungkan setiap bahagian doh ke dalam bentuk baguette, kira-kira 12-14 inci panjang. Letakkannya di atas lembaran pembakar yang dialas dengan kertas minyak atau kulit piza yang bertepung dengan baik jika anda menggunakan batu piza.
i) Buat lekukan cetek di sepanjang tengah setiap baguette dengan jari anda, mencipta semacam "terus."
j) Sebarkan isi epal yang telah disejukkan di sepanjang saluran setiap baguette.
k) Bakar dalam ketuhar yang telah dipanaskan selama 20-25 minit, atau sehingga baguette berwarna perang keemasan dan bunyi berongga apabila diketuk di bahagian bawah.
l) Biarkan baguette sejuk di atas rak dawai sebelum dihiris dan dihidangkan. Nikmati Normandy Epal Baguette buatan sendiri anda!

# 8. Sakit d'épi aux herbes

Membuat: 2 roti

**BAHAN-BAHAN:**
- 1¼ cawan air suam, dibahagikan
- Pakej 0.63-auns Yis Masam Segera
- 4 cawan tepung roti, dibahagikan
- 2¾ sudu teh garam halal
- 1 sudu kecil serbuk bawang putih
- 1 sudu teh rosemary segar yang dicincang
- 1 sudu teh sage segar yang dicincang
- 1 sudu teh thyme segar yang dicincang
- ½ sudu teh lada hitam tanah
- 1½ cawan air mendidih
- Minyak zaitun herba, untuk dihidangkan

**ARAHAN:**
a) Dalam mangkuk pengadun berdiri yang dipasang dengan lampiran dayung, pukul bersama ¾ cawan (180 gram) air suam dan Yis Masam Segera dengan tangan sehingga larut. Tambah 1⅓ cawan (169 gram) tepung, dan pukul pada kelajuan rendah sehingga digabungkan, kira-kira 30 saat. Tutup dan biarkan mengembang di tempat yang hangat dan bebas draf sehingga saiznya dua kali ganda, 30 hingga 45 minit.
b) Masukkan garam, serbuk bawang putih, rosemary, sage, thyme, lada hitam, baki 2⅔ cawan (339 gram) tepung, dan baki ½ cawan (120 gram) air suam kepada campuran yis, dan pukul pada kelajuan rendah sehingga doh menjadi sebati, kira-kira 30 detik. Tukar kepada lampiran cangkuk doh. Pukul pada kelajuan rendah selama 2 minit.
c) Minyak ringan dalam mangkuk besar. Letakkan doh dalam mangkuk, putar ke atas gris. Tutup dan biarkan berdiri di tempat yang hangat, bebas draf sehingga licin dan elastik, kira-kira ½ jam, pusing setiap 30 minit.
d) Keluarkan doh ke atas permukaan yang sangat sedikit tepung, dan bahagikan kepada dua. Tepuk perlahan separuh ke dalam segi empat tepat 9x4 inci; lipat satu sisi pendek di atas ketiga tengah, cubit untuk mengelak. Lipat baki ketiga di atas bahagian yang dilipat, picit untuk mengelak. Terbalikkan doh supaya jahitan sebelah bawah. Tutup dan biarkan selama 20 minit. Ulangi dengan baki separuh adunan.

e) Lapik lembaran pembakar berbingkai dengan kertas parchment, biarkan lebihan memanjang sedikit ke atas sisi kuali. Taburkan dengan banyak tepung.

f) Tepuk perlahan setiap baguette ke dalam segi empat tepat 8x6 inci, sebelah panjang yang paling hampir dengan anda. Lipat sepertiga bahagian atas doh ke tengah, tekan untuk mengelak. Lipat sepertiga bawah ke atas bahagian yang dilipat, tekan untuk mengelak. Lipat doh separuh memanjang supaya tepi panjang bertemu. Menggunakan tumit tangan anda, tekan tepi dengan kuat untuk mengelak. Gulung ke dalam log bersaiz 15 hingga 16 inci dengan ketebalan sekata, hujung tirus sedikit.

g) Letakkan 1 log pada kuali yang telah disediakan, jahitan sisi ke bawah, letakkan pada satu sisi panjang kuali. Tarik ke atas dan lipat kertas untuk membuat dinding pada bahagian bertentangan kayu. Baki balak Nestle di sisi lain dinding kertas, jahitan sisi ke bawah. Ulangi proses menarik dan melipat dengan kertas kulit untuk membentuk dinding pada bahagian bertentangan kayu balak kedua, dan timbangkan dengan tuala dapur untuk mengelakkan kulit daripada menggelongsor. Tutup dan biarkan mengembang di tempat yang hangat dan bebas draf sehingga sedikit kembang, 45 hingga 50 minit.

h) Letakkan kuali besi tuang yang besar pada rak bawah ketuhar dan lembaran pembakar berbingkai pada rak tengah. Panaskan ketuhar hingga 475°F.

i) Pindahkan log doh dengan berhati-hati ke sehelai kertas parchment; taburkan bahagian atas dengan tepung dengan teliti. Dengan menggunakan gunting dapur, buat potongan 45 darjah yang cepat dan bersih kira-kira 1½ inci dari hujung 1 kayu balak, potong kira-kira tiga perempat daripada laluan melalui.

j) Perlahan-lahan pusingkan kepingan doh ke satu sisi. Buat potongan kedua 1½ inci dari yang pertama, dan perlahan-lahan putar bahagian doh ke bahagian bertentangan. Ulangi sehingga anda mencapai hujung kayu balak, mencipta bentuk tangkai gandum. Ulangi prosedur dengan baki log.

k) Keluarkan kuali yang telah dipanaskan dari ketuhar. Berhati-hati letakkan parchment dengan doh pada kuali, dan kembalikan ke ketuhar. Berhati-hati tuangkan 1½ cawan air mendidih ke dalam kuali yang telah dipanaskan. Segera tutup pintu ketuhar.

l) Bakar sehingga perang keemasan dan termometer yang dibaca segera yang dimasukkan di tengah mencatatkan suhu 205°F (96°C), kira-kira 15 minit. Biarkan sejuk di atas kuali di atas rak dawai.

m) Hidangkan dengan minyak zaitun herba.

# 9. Baguette Keju Kambing Lembah Loire

**BAHAN-BAHAN:**
**UNTUK BAGUETTE:**
- 3 1/4 cawan (400g) tepung roti
- 1 1/4 cawan (300ml) air suam
- 1 1/2 sudu teh garam
- 1 1/2 sudu teh yis kering aktif
- 1 sudu besar minyak zaitun

**UNTUK TABURAN KEJU KAMBING:**
- 6 auns (kira-kira 170g) keju kambing segar
- 1-2 ulas bawang putih, dikisar
- 2 sudu besar herba segar (seperti kucai, tarragon, atau pasli), dicincang halus
- Garam dan lada sulah secukup rasa

**ARAHAN:**
**UNTUK BAGUETTE:**
a) Dalam mangkuk kecil, satukan air suam dan yis. Biarkan selama kira-kira 5-10 minit, atau sehingga ia menjadi berbuih.
b) Dalam mangkuk adunan besar, masukkan tepung roti dan garam. Tuangkan campuran yis dan minyak zaitun. Gaulkan semuanya sehingga menjadi doh.
c) Uli doh pada permukaan yang ditaburkan tepung selama kira-kira 5-7 minit, atau sehingga ia menjadi licin dan elastik. Bentukkannya menjadi bola.
d) Letakkan doh dalam mangkuk yang disapu sedikit minyak, tutupnya dengan tuala dapur bersih, dan biarkan ia mengembang selama kira-kira 1-2 jam, atau sehingga ia mengembang dua kali ganda.
e) Panaskan ketuhar anda hingga 425°F (220°C). Jika anda mempunyai batu pizza, letakkannya di dalam ketuhar semasa ia dipanaskan terlebih dahulu.
f) Apabila doh mengembang dua kali ganda, tebuk untuk mengeluarkan udara. Balikkannya ke atas permukaan yang ditaburkan tepung dan bahagikannya kepada dua bahagian yang sama.
g) Gulungkan setiap bahagian doh ke dalam bentuk baguette, kira-kira 12-14 inci panjang. Letakkannya di atas lembaran pembakar yang dialas dengan kertas minyak atau kulit piza yang bertepung dengan baik jika anda menggunakan batu piza.

h) Menggunakan pisau tajam, buat beberapa garisan pepenjuru di bahagian atas setiap baguette untuk membakar sekata.
i) Bakar dalam ketuhar yang telah dipanaskan selama 20-25 minit, atau sehingga baguette berwarna perang keemasan dan bunyi berongga apabila diketuk di bahagian bawah.
j) Biarkan baguette sejuk di atas rak dawai sebelum dihiris dan dihidangkan.
k) Untuk Taburan Keju Kambing:
l) Dalam mangkuk, satukan keju kambing segar, bawang putih cincang, herba segar, garam dan lada sulah. Gaul rata sehingga semua bahan sebati.

**UNTUK MEMASANG:**
m) Setelah baguette disejukkan sepenuhnya, hiriskannya secara memanjang.
n) Sapukan campuran keju kambing dengan murah hati pada satu sisi baguette.
o) Letakkan dua bahagian baguette bersama-sama dan potong ke dalam bahagian individu.

# 10. Sakit Perancis d'Épi

Membuat: 4 roti

**BAHAN-BAHAN:**
- 1¾ cawan air, pada suhu bilik, dibahagikan
- 2 sudu teh yis segera, dibahagikan
- 5 cawan tolak 1½ sudu besar tepung roti (atau tepung T55), dibahagikan
- 1 sudu besar garam halal

**ARAHAN:**

a) Buat pâte fermentée: Dalam mangkuk sederhana, kacau bersama ½ cawan air dengan secubit yis. Masukkan 1¼ cawan tepung dan 1 sudu teh garam. Kacau sehingga adunan yang berbulu sebati. Balikkan doh ke atas bangku anda dan uli sehingga sebati, 1 hingga 2 minit. Campuran akan melekit. Kembalikan doh ke dalam mangkuk, tutup dengan tuala, dan ketepikan selama 2 hingga 4 jam pada suhu bilik atau sejukkan semalaman. Ia sepatutnya dua kali ganda saiznya.

b) Buat doh: Masukkan baki 1¼ cawan air dan baki yis ke dalam pate fermentée, menggunakan jari anda untuk memecahkan doh menjadi cecair. Masukkan baki 3⅔ cawan tepung dan baki 2 sudu teh garam dan gaul sehingga menjadi doh berbulu, kira-kira 1 minit.

c) Balikkan doh ke atas bangku bersih dan uli selama 8 hingga 10 minit (atau pindahkan ke pengadun berdiri dan uli selama 6 hingga 8 minit pada kelajuan rendah) sehingga licin, elastik dan lembut. Jika anda menguli dengan tangan, tahan keinginan untuk menambah lebih banyak tepung; doh secara semula jadi akan menjadi kurang melekit apabila anda mengusahakannya.

d) Regangkan doh untuk memeriksa perkembangan gluten yang betul. Jika terlalu cepat koyak dan terasa kasar, teruskan menguli sehingga licin dan lembut.

e) Jika menguli dengan tangan, kembalikan doh ke dalam mangkuk. Tutup dengan tuala dan ketepikan selama 1 jam atau sehingga mengembang dua kali ganda.

f) Tepung bangku anda dengan ringan dan gunakan pengikis bangku plastik untuk melepaskan doh dari mangkuk. Gunakan pengikis bangku logam untuk membahagikan doh kepada 4 bahagian yang sama (kira-kira 250 gram setiap satu). Tutup dengan tuala dan rehatkan selama 5 hingga 10 minit.

g) Bekerja dengan satu bahagian pada satu masa, gunakan hujung jari anda untuk perlahan-lahan menekan doh menjadi segi empat tepat yang kasar. Lipat suku atas ke bawah ke tengah, kemudian lipat suku bawah ke atas ke tengah, supaya mereka bertemu.

h) Tekan sedikit di sepanjang jahitan untuk melekat. Lipat separuh bahagian atas doh ke bahagian bawah untuk membuat log. Gunakan tumit tangan atau hujung jari anda untuk mengelak jahitan.

i) Balikkan doh perlahan-lahan supaya jahitan berada di bahagian bawah, dan gunakan tangan anda untuk mengayunkan hujung roti ke depan dan ke belakang untuk menghasilkan bentuk bola sepak. Kemudian gerakkan tangan anda dari tengah roti ke arah tepi untuk memanjangkannya hingga 12 hingga 14 inci. Ulangi dengan bahagian yang tinggal.

j) Lapik dua helai baking dengan kertas parchment. Perlahan-lahan pindahkan dua roti ke setiap lembaran pembakar yang disediakan, jarakkannya 4 hingga 5 inci.

k) Pegang gunting pada sudut 45 darjah, potong menjadi satu baguette kira-kira 2 inci dari hujung (memotong hampir sepanjang jalan melalui roti, dalam satu sapuan, jadi hujung gunting hanya kira-kira ⅛ inci dari hujung doh). Segera tetapi perlahan-lahan letakkan kepingan itu ke sebelah kanan. Buat potongan kedua kira-kira 2 inci di sepanjang roti dan letakkan kepingan doh ke kiri. Ulang, berselang-seli bahagian yang anda mengalihkan doh, sehingga anda telah memotong keseluruhan roti.

l) Tutup dengan tuala dan ketepikan selama 1 jam atau sehingga marshmallow-y bertekstur. Jika anda mencucuk doh, ia akan melambung sedikit ke belakang, meninggalkan lekukan. Selepas 30 minit kalis, panaskan ketuhar hingga 475°F.

m) Apabila roti sedia untuk dibakar, masukkan loyang ke dalam ketuhar. Siram roti dengan air 4 atau 5 kali secara keseluruhan dan tutup pintu. Sembur sekali lagi selepas 3 minit dibakar, dan sekali lagi selepas 3 minit lagi, berfungsi dengan cepat untuk tidak kehilangan haba ketuhar. Bakar selama 24 hingga 28 minit secara keseluruhan, putar kedudukan dulang separuh jalan semasa membakar untuk keperangan yang sekata, sehingga roti berwarna perang keemasan.

n) Pindahkan roti ke rak penyejuk selama 10 hingga 15 minit sebelum dihidangkan.

## 11. Côte d'Azur Zaitun Baguette

**BAHAN-BAHAN:**
**UNTUK BAGUETTE:**
- 3 1/4 cawan (400g) tepung roti
- 1 1/4 cawan (300ml) air suam
- 1 1/2 sudu teh garam
- 1 1/2 sudu teh yis kering aktif
- 1 sudu besar minyak zaitun

**UNTUK CAMPURAN ZAITUN:**
- 1 cawan (kira-kira 150g) buah zaitun hitam atau hijau, dicincang kasar
- 2 sudu besar minyak zaitun
- 2 ulas bawang putih, dikisar
- 2 sudu besar rosemary segar atau thyme, dicincang halus (atau 1 sudu besar kering)

**ARAHAN:**
**UNTUK BAGUETTE:**
a) Dalam mangkuk kecil, satukan air suam dan yis. Biarkan ia duduk selama kira-kira 5-10 minit, atau sehingga ia menjadi berbuih.
b) Dalam mangkuk adunan besar, masukkan tepung roti dan garam. Tuangkan campuran yis dan minyak zaitun. Gaulkan semuanya sehingga menjadi doh.
c) Uli doh di atas permukaan yang ditaburkan tepung selama kira-kira 5-7 minit sehingga menjadi licin dan anjal. Bentukkannya menjadi bola.
d) Letakkan doh dalam mangkuk yang disapu sedikit minyak, tutupnya dengan tuala dapur bersih, dan biarkan ia mengembang selama kira-kira 1-2 jam, atau sehingga ia mengembang dua kali ganda.
e) Panaskan ketuhar anda hingga 425°F (220°C). Jika anda mempunyai batu pizza, letakkannya di dalam ketuhar semasa ia dipanaskan terlebih dahulu.
f) Apabila doh mengembang dua kali ganda, tebuk untuk mengeluarkan udara. Balikkannya ke atas permukaan yang ditaburkan tepung dan bahagikannya kepada dua bahagian yang sama.
g) Gulungkan setiap bahagian doh ke dalam bentuk baguette, kira-kira 12-14 inci panjang. Letakkannya di atas lembaran pembakar yang dialas dengan kertas minyak atau kulit piza yang bertepung dengan baik jika anda menggunakan batu piza.
h) Menggunakan pisau tajam, buat beberapa garisan pepenjuru di bahagian atas setiap baguette untuk membakar sekata.
i) Sediakan Zaitun Mix semasa baguette dibakar.

**UNTUK CAMPURAN ZAITUN:**
j) Dalam mangkuk, satukan buah zaitun cincang, minyak zaitun, bawang putih cincang dan herba segar. Gaul sebati.

**UNTUK MEMASANG:**
k) Kira-kira 10 minit sebelum baguette selesai dibakar, ratakan Campuran Zaitun di bahagian atas setiap baguette.
l) Teruskan membakar untuk baki masa, kira-kira 10-15 minit, atau sehingga baguette berwarna perang keemasan dan bunyi berongga apabila diketuk di bahagian bawah.
m) Biarkan baguette sejuk di atas rak dawai sebelum dihiris dan dihidangkan.

## 12.Brittany Mentega    Baguette

**BAHAN-BAHAN:**
**UNTUK BAGUETTE:**
- 3 1/4 cawan (400g) tepung roti
- 1 1/4 cawan (300ml) air suam
- 1 1/2 sudu teh garam
- 1 1/2 sudu teh yis kering aktif
- 1/4 cawan (55g) mentega tanpa garam, dilembutkan
- 1 sudu besar minyak zaitun

**UNTUK SEBARKAN MENEGA:**
- 1/2 cawan (113g) mentega tanpa garam, dilembutkan
- Sedikit garam

**ARAHAN:**
**UNTUK BAGUETTE:**
a) Dalam mangkuk kecil, satukan air suam dan yis. Biarkan selama kira-kira 5-10 minit, atau sehingga ia menjadi berbuih.
b) Dalam mangkuk adunan besar, masukkan tepung roti dan garam. Tuangkan campuran yis dan 1/4 cawan mentega lembut. Gaulkan semuanya sehingga menjadi doh.
c) Uli doh pada permukaan yang ditaburkan tepung selama kira-kira 5-7 minit, atau sehingga ia menjadi licin dan elastik. Bentukkannya menjadi bola.
d) Letakkan doh dalam mangkuk yang disapu sedikit minyak, tutupnya dengan tuala dapur bersih, dan biarkan ia mengembang selama kira-kira 1-2 jam, atau sehingga ia mengembang dua kali ganda.
e) Panaskan ketuhar anda hingga 425°F (220°C). Jika anda mempunyai batu pizza, letakkannya di dalam ketuhar semasa ia dipanaskan terlebih dahulu.
f) Apabila doh mengembang dua kali ganda, tebuk untuk mengeluarkan udara. Balikkannya ke atas permukaan yang ditaburkan tepung dan bahagikannya kepada dua bahagian yang sama.
g) Gulungkan setiap bahagian doh ke dalam bentuk baguette, kira-kira 12-14 inci panjang. Letakkannya di atas lembaran pembakar yang dialas dengan kertas minyak atau kulit piza yang bertepung dengan baik jika anda menggunakan batu piza.
h) Menggunakan pisau tajam, buat beberapa garisan pepenjuru di bahagian atas setiap baguette untuk membakar sekata.

**UNTUK SEBARKAN MENEGA:**
i) Dalam mangkuk, satukan 1/2 cawan mentega lembut dengan secubit garam. Gaul rata sehingga mentega licin dan boleh disebarkan.

**UNTUK MEMASANG:**
j) Kira-kira 5 minit sebelum baguette selesai dibakar, sapukan campuran mentega di atas setiap baguette. Mentega akan cair ke dalam roti dan menghasilkan kerak mentega yang kaya.
k) Teruskan membakar untuk baki masa, kira-kira 10-15 minit, atau sehingga baguette berwarna perang keemasan dan bunyi berongga apabila diketuk di bahagian bawah.
l) Biarkan baguette sejuk di atas rak dawai sebelum dihiris dan dihidangkan.

## 13. Lembah Rhône Fougasse Baguette

**BAHAN-BAHAN:**
**UNTUK doh FOUGASSE:**
- 2 1/2 cawan (300g) tepung roti
- 1 1/4 cawan (300ml) air suam
- 2 sudu kecil garam
- 1 1/2 sudu teh yis kering aktif
- 2 sudu besar minyak zaitun

**UNTUK PENGISIAN (PILIHAN):**
- 1/2 cawan (kira-kira 75g) buah zaitun hitam, dicincang
- 1/4 cawan (kira-kira 30g) tomato kering matahari, dicincang
- 2 sudu besar rosemary segar, dicincang halus
- 1/4 cawan (kira-kira 30g) keju Parmesan parut

**ARAHAN:**
**UNTUK doh FOUGASSE:**
a) Dalam mangkuk kecil, satukan air suam dan yis. Biarkan ia duduk selama kira-kira 5-10 minit, atau sehingga ia menjadi berbuih.
b) Dalam mangkuk adunan besar, masukkan tepung roti dan garam. Tuangkan campuran yis dan minyak zaitun. Gaulkan semuanya sehingga menjadi doh.
c) Uli doh pada permukaan yang ditaburkan tepung selama kira-kira 5-7 minit, atau sehingga ia menjadi licin dan elastik. Bentukkannya menjadi bola.
d) Letakkan doh dalam mangkuk yang disapu sedikit minyak, tutupnya dengan tuala dapur bersih, dan biarkan ia mengembang selama kira-kira 1-2 jam, atau sehingga ia mengembang dua kali ganda.

**UNTUK PENGISIAN (PILIHAN):**
e) Jika anda menggunakan inti, gabungkan buah zaitun cincang, tomato kering matahari, rosemary dan keju Parmesan parut dalam mangkuk kecil.

**UNTUK MEMBENTUK FOUGASSE:**
f) Panaskan ketuhar anda hingga 425°F (220°C). Jika anda mempunyai batu pizza, letakkannya di dalam ketuhar semasa ia dipanaskan terlebih dahulu.
g) Apabila doh mengembang dua kali ganda, tebuk untuk mengeluarkan udara. Balikkannya ke atas permukaan yang ditaburkan tepung dan bahagikannya kepada dua bahagian yang sama.

h) Canai setiap bahagian doh menjadi bentuk bujur, kira-kira 1/4 inci tebal. Anda boleh menggunakan penggelek untuk membantu membentuknya.
i) Jika anda menggunakan inti, taburkannya secara rata pada salah satu kepingan doh berbentuk bujur.
j) Letakkan bahagian kedua doh di atas yang pertama, letakkan inti di antaranya.
k) Gunakan pisau tajam atau sepasang gunting untuk memotong celah dalam doh, menghasilkan corak daun atau berkas gandum. Jadi kreatif dengan bentuk.

**UNTUK MEMBAKAR FOUGASSE:**
l) Pindahkan fougasse berbentuk ke atas lembaran pembakar yang dialas dengan kertas pacmen atau kulit piza yang ditabur dengan baik jika anda menggunakan batu piza.
m) Bakar dalam ketuhar yang telah dipanaskan selama 20-25 minit, atau sehingga fougasse berwarna perang keemasan dan berbunyi kosong apabila diketuk di bahagian bawah.
n) Biarkan fougasse sejuk di atas rak dawai sebelum dihidangkan.

## 14. Baguette Mustard Burgundy

**BAHAN-BAHAN:**

**UNTUK BAGUETTE:**
- 3 1/4 cawan (400g) tepung roti
- 1 1/4 cawan (300ml) air suam
- 1 1/2 sudu teh garam
- 1 1/2 sudu teh yis kering aktif
- 1 sudu besar minyak zaitun

**UNTUK CAMPURAN MUSTARD:**
- 2 sudu besar mustard Dijon (atau mustard gaya Burgundy)
- 2 sudu besar madu
- 1 sudu besar minyak zaitun
- 1-2 ulas bawang putih, dikisar
- Garam dan lada sulah secukup rasa

**ARAHAN:**

**UNTUK BAGUETTE:**

a) Dalam mangkuk kecil, satukan air suam dan yis. Biarkan selama kira-kira 5-10 minit, atau sehingga ia menjadi berbuih.

b) Dalam mangkuk adunan besar, masukkan tepung roti dan garam. Tuangkan campuran yis dan minyak zaitun. Gaulkan semuanya sehingga menjadi doh.

c) Uli doh di atas permukaan yang ditaburkan tepung selama kira-kira 5-7 minit sehingga menjadi licin dan anjal. Bentukkannya menjadi bola.

d) Letakkan doh dalam mangkuk yang disapu sedikit minyak, tutupnya dengan tuala dapur bersih, dan biarkan ia mengembang selama kira-kira 1-2 jam, atau sehingga ia mengembang dua kali ganda.

**UNTUK CAMPURAN MUSTARD:**

e) Dalam mangkuk, gabungkan mustard Dijon (atau mustard gaya Burgundy), madu, minyak zaitun, bawang putih cincang, garam dan lada.

f) Gaul rata sehingga bahan sebati sepenuhnya.

**UNTUK MEMASANG:**

g) Panaskan ketuhar anda hingga 425°F (220°C). Jika anda mempunyai batu pizza, letakkannya di dalam ketuhar semasa ia dipanaskan terlebih dahulu.

h) Apabila doh mengembang dua kali ganda, tebuk untuk mengeluarkan udara. Balikkannya ke atas permukaan yang ditaburkan tepung dan bahagikannya kepada dua bahagian yang sama.
i) Gulungkan setiap bahagian doh ke dalam bentuk baguette, kira-kira 12-14 inci panjang. Letakkannya di atas lembaran pembakar yang dialas dengan kertas minyak atau kulit piza yang bertepung dengan baik jika anda menggunakan batu piza.
j) Menggunakan pisau tajam, buat beberapa garisan pepenjuru di bahagian atas setiap baguette untuk membakar sekata.
k) Sapukan campuran mustard yang disediakan secara merata ke atas setiap baguette.
l) Bakar dalam ketuhar yang telah dipanaskan selama 20-25 minit, atau sehingga baguette berwarna perang keemasan dan bunyi berongga apabila diketuk di bahagian bawah.
m) Biarkan baguette sejuk di atas rak dawai sebelum dihiris dan dihidangkan.

## 15. Baguette Keju Savoy

**BAHAN-BAHAN:**
**UNTUK BAGUETTE:**
- 3 1/4 cawan (400g) tepung roti
- 1 1/4 cawan (300ml) air suam
- 1 1/2 sudu teh garam
- 1 1/2 sudu teh yis kering aktif
- 1 sudu besar minyak zaitun

**UNTUK CAMPURAN KEJU:**
- 1 1/2 cawan (kira-kira 150g) keju Savoy parut (seperti Abondance atau Beaufort)
- 2 ulas bawang putih, dikisar
- 1/4 cawan (60ml) krim pekat
- 1/4 cawan (60ml) susu
- Garam dan lada hitam secukup rasa
- Herba segar (seperti kucai atau thyme), dicincang halus (pilihan)

**ARAHAN:**
**UNTUK BAGUETTE:**
a) Dalam mangkuk kecil, satukan air suam dan yis. Biarkan selama kira-kira 5-10 minit, atau sehingga ia menjadi berbuih.
b) Dalam mangkuk adunan besar, masukkan tepung roti dan garam. Tuangkan campuran yis dan minyak zaitun. Gaulkan semuanya sehingga menjadi doh.
c) Uli doh pada permukaan yang ditaburkan tepung selama kira-kira 5-7 minit, atau sehingga ia menjadi licin dan elastik. Bentukkannya menjadi bola.
d) Letakkan doh dalam mangkuk yang disapu sedikit minyak, tutupnya dengan tuala dapur bersih, dan biarkan ia mengembang selama kira-kira 1-2 jam, atau sehingga ia mengembang dua kali ganda.

**UNTUK CAMPURAN KEJU:**
e) Dalam periuk, gabungkan keju Savoy parut, bawang putih cincang, krim pekat dan susu. Panaskan dengan api perlahan, kacau sentiasa sehingga keju cair dan adunan sebati.
f) Perasakan adunan keju dengan garam dan lada hitam secukup rasa. Jika anda mahu, anda boleh menambah beberapa herba segar yang dicincang halus untuk rasa tambahan.
g) Keluarkan campuran keju dari api dan biarkan ia sejuk.

**UNTUK MEMASANG:**

h) Panaskan ketuhar anda hingga 425°F (220°C). Jika anda mempunyai batu pizza, letakkannya di dalam ketuhar semasa ia dipanaskan terlebih dahulu.

i) Apabila doh mengembang dua kali ganda, tebuk untuk mengeluarkan udara. Balikkannya ke atas permukaan yang ditaburkan tepung dan bahagikannya kepada dua bahagian yang sama.

j) Gulungkan setiap bahagian doh ke dalam bentuk baguette, kira-kira 12-14 inci panjang. Letakkannya di atas lembaran pembakar yang dialas dengan kertas minyak atau kulit piza yang bertepung dengan baik jika anda menggunakan batu piza.

k) Sapukan campuran keju Savoy yang telah disejukkan secara merata ke atas setiap baguette.

l) Bakar dalam ketuhar yang telah dipanaskan selama 20-25 minit, atau sehingga baguette berwarna perang keemasan dan bunyi berongga apabila diketuk di bahagian bawah.

m) Biarkan baguette sejuk di atas rak dawai sebelum dihiris dan dihidangkan.

## 16.Corsican Berangan Baguette

**BAHAN-BAHAN:**
**UNTUK BAGUETTE:**
- 3 1/4 cawan (400g) tepung roti
- 1 1/4 cawan (300ml) air suam
- 1 1/2 sudu teh garam
- 1 1/2 sudu teh yis kering aktif
- 1 sudu besar minyak zaitun

**UNTUK PENGISIAN BERANGAN:**
- 1 cawan (kira-kira 150g) buah berangan masak, dicincang (dalam tin atau vakum berfungsi dengan baik)
- 2 sudu besar madu
- 1/4 cawan (60ml) krim pekat
- 1/4 cawan (60ml) susu
- Sedikit garam
- Daun rosemary segar atau thyme (pilihan)

**ARAHAN:**
**UNTUK BAGUETTE:**
a) Dalam mangkuk kecil, satukan air suam dan yis. Biarkan selama kira-kira 5-10 minit, atau sehingga ia menjadi berbuih.
b) Dalam mangkuk adunan besar, masukkan tepung roti dan garam. Tuangkan campuran yis dan minyak zaitun. Gaulkan semuanya sehingga menjadi doh.
c) Uli doh pada permukaan yang ditaburkan tepung selama kira-kira 5-7 minit, atau sehingga ia menjadi licin dan elastik. Bentukkannya menjadi bola.
d) Letakkan doh dalam mangkuk yang disapu sedikit minyak, tutupnya dengan tuala dapur bersih, dan biarkan ia mengembang selama kira-kira 1-2 jam, atau sehingga ia mengembang dua kali ganda.

**UNTUK PENGISIAN BERANGAN:**
e) Dalam periuk, satukan buah berangan masak yang dicincang, madu, krim pekat dan susu. Panaskan dengan api perlahan, kacau sentiasa sehingga buah berangan lembut dan adunan sebati.
f) Perasakan campuran berangan dengan secubit garam dan tambah daun rosemary segar atau thyme jika mahu.
g) Keluarkan campuran berangan dari api dan biarkan ia sejuk.

**UNTUK MEMASANG:**
h) Panaskan ketuhar anda hingga 425°F (220°C). Jika anda mempunyai batu pizza, letakkannya di dalam ketuhar semasa ia dipanaskan terlebih dahulu.
i) Apabila doh mengembang dua kali ganda, tebuk untuk mengeluarkan udara. Balikkannya ke atas permukaan yang ditaburkan tepung dan bahagikannya kepada dua bahagian yang sama.
j) Gulungkan setiap bahagian doh ke dalam bentuk baguette, kira-kira 12-14 inci panjang. Letakkannya di atas lembaran pembakar yang dialas dengan kertas minyak atau kulit piza yang bertepung dengan baik jika anda menggunakan batu piza.
k) Sapukan campuran berangan yang telah disejukkan secara merata ke atas setiap baguette.
l) Bakar dalam ketuhar yang telah dipanaskan selama 20-25 minit, atau sehingga baguette berwarna perang keemasan dan bunyi berongga apabila diketuk di bahagian bawah.
m) Biarkan baguette sejuk di atas rak dawai sebelum dihiris dan dihidangkan.

## 17. Baguette Lada Basque

**BAHAN-BAHAN:**
**UNTUK BAGUETTE:**
- 3 1/4 cawan (400g) tepung roti
- 1 1/4 cawan (300ml) air suam
- 1 1/2 sudu teh garam
- 1 1/2 sudu teh yis kering aktif
- 1 sudu besar minyak zaitun

**UNTUK CAMPURAN LADA:**
- 2 lada benggala merah, dibakar, dikupas, dan dicincang halus
- 2 sudu besar minyak zaitun
- 2 ulas bawang putih, dikisar
- 1 sudu teh paprika salai (piment d'Espelette, jika ada)
- Garam dan lada hitam secukup rasa

**ARAHAN:**
**UNTUK BAGUETTE:**
a) Dalam mangkuk kecil, satukan air suam dan yis. Biarkan selama kira-kira 5-10 minit, atau sehingga ia menjadi berbuih.
b) Dalam mangkuk adunan besar, masukkan tepung roti dan garam. Tuangkan campuran yis dan minyak zaitun. Gaulkan semuanya sehingga menjadi doh.
c) Uli doh pada permukaan yang ditaburkan tepung selama kira-kira 5-7 minit, atau sehingga ia menjadi licin dan elastik. Bentukkannya menjadi bola.
d) Letakkan doh dalam mangkuk yang disapu sedikit minyak, tutupnya dengan tuala dapur bersih, dan biarkan ia mengembang selama kira-kira 1-2 jam, atau sehingga ia mengembang dua kali ganda.

**UNTUK CAMPURAN LADA:**
e) Panggang lada benggala merah dengan meletakkannya terus di atas api gas atau di bawah ayam pedaging, pusingkannya sekali-sekala sehingga kulitnya hangus dan melepuh. Kemudian, letakkan lada dalam mangkuk bertutup atau beg plastik selama kira-kira 10 minit. Ini akan memudahkan pengelupasan kulit. Selepas itu, keluarkan kulit, biji, dan batang, dan cincang halus lada panggang.
f) Dalam kuali, panaskan minyak zaitun dengan api sederhana. Masukkan bawang putih kisar dan lada panggang yang dicincang.

Masak selama beberapa minit, sehingga bawang putih wangi dan lada lembut.

g) Perasakan campuran lada dengan paprika salai, garam, dan lada hitam. Gaul rata dan ketepikan untuk sejuk.

**UNTUK MEMASANG:**

h) Panaskan ketuhar anda hingga 425°F (220°C). Jika anda mempunyai batu pizza, letakkannya di dalam ketuhar semasa ia dipanaskan terlebih dahulu.

i) Apabila doh mengembang dua kali ganda, tebuk untuk mengeluarkan udara. Balikkannya ke atas permukaan yang ditaburkan tepung dan bahagikannya kepada dua bahagian yang sama.

j) Gulungkan setiap bahagian doh ke dalam bentuk baguette, kira-kira 12-14 inci panjang. Letakkannya di atas lembaran pembakar yang dialas dengan kertas minyak atau kulit piza yang bertepung dengan baik jika anda menggunakan batu piza.

k) Sapukan campuran lada yang telah disejukkan secara merata ke atas setiap baguette.

l) Bakar dalam ketuhar yang telah dipanaskan selama 20-25 minit, atau sehingga baguette berwarna perang keemasan dan bunyi berongga apabila diketuk di bahagian bawah.

m) Biarkan baguette sejuk di atas rak dawai sebelum dihiris dan dihidangkan.

# 18. Baguette Bawang Putih Languedoc

**BAHAN-BAHAN:**
**UNTUK BAGUETTE:**
- 3 1/4 cawan (400g) tepung roti
- 1 1/4 cawan (300ml) air suam
- 1 1/2 sudu teh garam
- 1 1/2 sudu teh yis kering aktif
- 1 sudu besar minyak zaitun

**UNTUK SAMBUNGAN MENTEGA BAWANG PUTIH:**
- 1/2 cawan (113g) mentega tanpa garam, dilembutkan
- 6-8 ulas bawang putih, dikisar (sesuai selera)
- 2 sudu besar pasli segar, dicincang halus
- Garam dan lada hitam secukup rasa

**ARAHAN:**
**UNTUK BAGUETTE:**

a) Dalam mangkuk kecil, satukan air suam dan yis. Biarkan selama kira-kira 5-10 minit, atau sehingga ia menjadi berbuih.

b) Dalam mangkuk adunan besar, masukkan tepung roti dan garam. Tuangkan campuran yis dan minyak zaitun. Gaulkan semuanya sehingga menjadi doh.

c) Uli doh di atas permukaan yang ditaburkan tepung selama kira-kira 5-7 minit sehingga menjadi licin dan anjal. Bentukkannya menjadi bola.

d) Letakkan doh dalam mangkuk yang disapu sedikit minyak, tutupnya dengan tuala dapur bersih, dan biarkan ia mengembang selama kira-kira 1-2 jam, atau sehingga ia mengembang dua kali ganda.

**UNTUK SAMBUNGAN MENTEGA BAWANG PUTIH:**

e) Dalam mangkuk, satukan mentega tanpa garam yang telah dilembutkan, bawang putih cincang, pasli segar, garam dan lada hitam. Laraskan jumlah bawang putih yang dikisar mengikut keutamaan anda untuk tahap rasa bawang putih.

f) Campurkan bahan-bahan sehingga ia sebati sepenuhnya, dan penyebarannya licin dan berperisa.

**UNTUK MEMASANG:**

g) Panaskan ketuhar anda hingga 425°F (220°C). Jika anda mempunyai batu pizza, letakkannya di dalam ketuhar semasa ia dipanaskan terlebih dahulu.

h) Apabila doh mengembang dua kali ganda, tebuk untuk mengeluarkan udara. Balikkannya ke atas permukaan yang ditaburkan tepung dan bahagikannya kepada dua bahagian yang sama.
i) Gulungkan setiap bahagian doh ke dalam bentuk baguette, kira-kira 12-14 inci panjang. Letakkannya di atas lembaran pembakar yang dialas dengan kertas minyak atau kulit piza yang bertepung dengan baik jika anda menggunakan batu piza.
j) Menggunakan pisau tajam, buat beberapa garisan pepenjuru di bahagian atas setiap baguette untuk membakar sekata.
k) Sapukan campuran mentega bawang putih yang disediakan secara merata ke atas setiap baguette.
l) Bakar dalam ketuhar yang telah dipanaskan selama 20-25 minit, atau sehingga baguette berwarna perang keemasan dan bunyi berongga apabila diketuk di bahagian bawah.
m) Biarkan baguette sejuk di atas rak dawai sebelum dihiris dan dihidangkan.

## 19. Baguette Keju Biru Auvergne

**BAHAN-BAHAN:**
**UNTUK BAGUETTE:**
- 3 1/4 cawan (400g) tepung roti
- 1 1/4 cawan (300ml) air suam
- 1 1/2 sudu teh garam
- 1 1/2 sudu teh yis kering aktif
- 1 sudu besar minyak zaitun

**UNTUK CAMPURAN KEJU BIRU:**
- 1/2 cawan (kira-kira 113g) keju biru Auvergne yang hancur (seperti Bleu d'Auvergne atau Fourme d'Ambert)
- 1/4 cawan (60ml) krim pekat
- 2 sudu besar daun kucai segar yang dicincang halus
- Lada hitam yang baru dikisar, secukup rasa

**ARAHAN:**
**UNTUK BAGUETTE:**
a) Dalam mangkuk kecil, satukan air suam dan yis. Biarkan selama kira-kira 5-10 minit, atau sehingga ia menjadi berbuih.
b) Dalam mangkuk adunan besar, masukkan tepung roti dan garam. Tuangkan campuran yis dan minyak zaitun. Gaulkan semuanya sehingga menjadi doh.
c) Uli doh di atas permukaan yang ditaburkan tepung selama kira-kira 5-7 minit sehingga menjadi licin dan anjal. Bentukkannya menjadi bola.
d) Letakkan doh dalam mangkuk yang disapu sedikit minyak, tutupnya dengan tuala dapur bersih, dan biarkan ia mengembang selama kira-kira 1-2 jam, atau sehingga ia mengembang dua kali ganda.

**UNTUK CAMPURAN KEJU BIRU:**
e) Dalam mangkuk, gabungkan keju biru Auvergne yang telah hancur dan krim pekat. Gaul rata sehingga adunan sebati dan berkrim.
f) Masukkan daun kucai segar yang dicincang halus dan perasakan dengan lada hitam yang baru dikisar secukup rasa.

**UNTUK MEMASANG:**
g) Panaskan ketuhar anda hingga 425°F (220°C). Jika anda mempunyai batu pizza, letakkannya di dalam ketuhar semasa ia dipanaskan terlebih dahulu.
h) Apabila doh mengembang dua kali ganda, tebuk untuk mengeluarkan udara. Balikkannya ke atas permukaan yang ditaburkan tepung dan bahagikannya kepada dua bahagian yang sama.
i) Gulungkan setiap bahagian doh ke dalam bentuk baguette, kira-kira 12-14 inci panjang. Letakkannya di atas lembaran pembakar yang dialas dengan kertas minyak atau kulit piza yang bertepung dengan baik jika anda menggunakan batu piza.
j) Sapukan campuran keju biru yang disediakan secara merata ke atas setiap baguette.
k) Bakar dalam ketuhar yang telah dipanaskan selama 20-25 minit, atau sehingga baguette berwarna perang keemasan dan bunyi berongga apabila diketuk di bahagian bawah.
l) Biarkan baguette sejuk di atas rak dawai sebelum dihiris dan dihidangkan.

## 20. Baguette Wain Merah Bordeaux

**BAHAN-BAHAN:**
- 3 1/4 cawan (400g) tepung roti
- 1 1/4 cawan (300ml) wain merah Bordeaux
- 1 1/2 sudu teh garam
- 1 1/2 sudu teh yis kering aktif
- 1 sudu besar minyak zaitun

**ARAHAN:**

a) Dalam periuk kecil, panaskan wain merah Bordeaux dengan api perlahan sehingga ia suam tetapi tidak mendidih. Keluarkan dari api dan biarkan ia sejuk pada suhu suam.

b) Dalam mangkuk kecil, gabungkan wain merah Bordeaux suam dan yis kering aktif. Biarkan selama kira-kira 5-10 minit, atau sehingga ia menjadi berbuih.

c) Dalam mangkuk adunan besar, masukkan tepung roti dan garam. Tuangkan campuran yis dan wain dan minyak zaitun. Gaulkan semuanya sehingga menjadi doh.

d) Uli doh pada permukaan yang ditaburkan tepung selama kira-kira 5-7 minit, atau sehingga ia menjadi licin dan elastik. Bentukkannya menjadi bola.

e) Letakkan doh dalam mangkuk yang disapu sedikit minyak, tutupnya dengan tuala dapur bersih, dan biarkan ia mengembang selama kira-kira 1-2 jam, atau sehingga ia mengembang dua kali ganda.

f) Panaskan ketuhar anda hingga 425°F (220°C). Jika anda mempunyai batu pizza, letakkannya di dalam ketuhar semasa ia dipanaskan terlebih dahulu.

g) Apabila doh mengembang dua kali ganda, tebuk untuk mengeluarkan udara. Balikkannya ke atas permukaan yang ditaburkan tepung dan bahagikannya kepada dua bahagian yang sama.

h) Gulungkan setiap bahagian doh ke dalam bentuk baguette, kira-kira 12-14 inci panjang. Letakkannya di atas lembaran pembakar yang dialas dengan kertas minyak atau kulit piza yang bertepung dengan baik jika anda menggunakan batu piza.

i) Menggunakan pisau tajam, buat beberapa garisan pepenjuru di bahagian atas setiap baguette untuk membakar sekata.

j) Bakar dalam ketuhar yang telah dipanaskan selama 20-25 minit, atau sehingga baguette berwarna perang keemasan dan bunyi berongga apabila diketuk di bahagian bawah.

k) Biarkan baguette sejuk di atas rak dawai sebelum dihiris dan dihidangkan.

## 21. Portugis Bolo do Caco

**BAHAN-BAHAN:**
**UNTUK ROTI:**
- 500g (kira-kira 4 cawan) tepung serba guna
- 2 sudu kecil yis kering
- 1 sudu kecil gula
- 1 sudu kecil garam
- 250ml (1 cawan) air suam

**UNTUK MEMASAK:**
- Batu panas yang besar dan rata atau griddle
- Minyak zaitun

**ARAHAN:**

a) Dalam mangkuk adunan, satukan tepung dan garam. Buat perigi di tengah.
b) Dalam mangkuk kecil yang berasingan, campurkan air suam, gula, dan yis kering. Biarkan ia duduk selama kira-kira 10 minit atau sehingga ia menjadi berbuih.
c) Tuangkan campuran yis ke dalam perigi yang anda buat dalam tepung. Campurkan semuanya sehingga anda mendapat doh yang lembut dan sedikit melekit. Jika adunan terlalu melekit, boleh tambah sedikit lagi tepung.
d) Uli doh pada permukaan yang ditaburi sedikit tepung selama kira-kira 10-15 minit sehingga ia licin dan elastik.
e) Letakkan doh kembali ke dalam mangkuk adunan, tutup dengan kain bersih, dan biarkan ia mengembang selama kira-kira 1-2 jam, atau sehingga ia mengembang dua kali ganda.
f) Tumbuk doh yang telah kembang dan bahagikan kepada 6 bahagian yang sama.
g) Gulungkan setiap bahagian menjadi bola, dan kemudian leperkannya ke dalam cakera bulat, kira-kira 1/2 inci tebal.
h) Panaskan batu panas yang besar dan rata atau griddle di atas api yang sederhana tinggi. Anda juga boleh menggunakan kuali besi tuang jika anda tidak mempunyai akses kepada batu panas.
i) Sapu batu atau kuali dengan minyak zaitun.
j) Letakkan bulatan roti leper di atas batu panas dan masak selama kira-kira 3-4 minit pada setiap sisi, atau sehingga ia berwarna perang keemasan dan mempunyai kerak. Anda boleh sapu bahagian atas dengan lebih banyak minyak zaitun jika anda suka.
k) Secara tradisinya, Bolo do Caco dihidangkan dengan mentega bawang putih. Untuk membuat mentega bawang putih, campurkan mentega lembut dengan bawang putih yang dihancurkan dan herba segar yang dicincang (seperti pasli atau ketumbar). Sapukan mentega bawang putih pada bulatan roti hangat.

## 22. Simit Turki

**BAHAN-BAHAN:**
**UNTUK DOH:**
- 4 cawan tepung serba guna
- 1 sudu besar yis segera
- 1 sudu besar gula
- 1 sudu teh garam
- 1 cawan air suam

**UNTUK TOPPING SIMIDI:**
- 1/2 cawan molase
- 1/2 cawan air
- 1-2 cawan bijan

**ARAHAN:**
a) Dalam mangkuk adunan yang besar, satukan tepung, yis segera, gula dan garam. Gaul sebati.
b) Masukkan air suam sedikit demi sedikit ke dalam bahan kering dan uli doh sehingga menjadi licin dan elastik. Anda mungkin perlu melaraskan air atau tepung untuk mencapai konsistensi yang betul.
c) Tutup mangkuk dengan tuala dapur bersih atau bungkus plastik dan biarkan doh mengembang selama kira-kira 30-45 minit, atau sehingga ia mengembang dua kali ganda.
d) Panaskan ketuhar anda kepada 375°F (190°C).
e) Tebuk doh untuk mengeluarkan sebarang buih udara. Bahagikan doh kepada kepingan kecil bersaiz sama, kira-kira 2 inci diameter.
f) Gulungkan setiap helai ke dalam tali, kira-kira 10-12 inci panjang. Cantumkan dua hujung setiap tali untuk membentuk bentuk bulat. Tekan hujung bersama-sama untuk mengelak.
g) Dalam mangkuk yang berasingan, campurkan molase dan air untuk menghasilkan sayu manis.
h) Letakkan bijan dalam mangkuk lain.
i) Celupkan setiap simit berbentuk dahulu ke dalam bancuhan molase-air manis dan kemudian ke dalam biji bijan, pastikan ia disalut dengan baik.
j) Letakkan simit bersalut pada lembaran pembakar yang dialas dengan kertas kertas, tinggalkan sedikit ruang antara setiap satu.
k) Bakar dalam ketuhar yang telah dipanaskan selama kira-kira 20-25 minit atau sehingga simit bertukar menjadi perang keemasan dan mempunyai kerak sedikit rangup.
l) Benarkan simit sejuk di atas rak dawai.
m) Hidangkan simit Turki buatan sendiri anda dengan iringan kegemaran anda, seperti keju putih, buah zaitun, tomato dan timun. Mereka secara tradisional dihidangkan dengan teh dan sering dinikmati untuk sarapan pagi atau sebagai snek.

## 23. Pan de Barra Sepanyol

**BAHAN-BAHAN:**
- 500g (kira-kira 4 cawan) tepung serba guna
- 350ml (kira-kira 1 1/2 cawan) air suam
- 10g (2 sudu teh) garam
- 7g (1 paket) yis aktif kering
- 2 sudu besar minyak zaitun

**ARAHAN:**
a) Dalam mangkuk kecil, satukan air suam, yis kering, dan secubit gula. Kacau dan biarkan selama kira-kira 10 minit, atau sehingga ia menjadi berbuih.
b) Dalam mangkuk adunan besar, satukan tepung dan garam.
c) Buat perigi di tengah campuran tepung dan tuangkan campuran yis yang diaktifkan ke dalamnya.
d) Masukkan minyak zaitun.
e) Gaulkan semuanya sehingga menjadi doh yang melekit.
f) Balikkan doh ke atas permukaan yang ditaburi sedikit tepung.
g) Uli doh lebih kurang 10-15 minit sehingga licin dan elastik. Anda mungkin perlu menambah sedikit lagi tepung untuk mengelakkan melekat, tetapi cuba jangan menambah terlalu banyak. Doh harus kekal sedikit melekit.
h) Letakkan doh semula ke dalam mangkuk adunan, tutupnya dengan tuala dapur yang bersih, dan biarkan ia mengembang di tempat yang hangat dan bebas draf selama kira-kira 1 jam atau sehingga ia mengembang dua kali ganda.
i) Selepas naik pertama, tebuk doh untuk mengeluarkan gelembung udara.
j) Bahagikan doh kepada dua bahagian yang sama.
k) Bentuk setiap bahagian menjadi bentuk baguette panjang, kira-kira 14-16 inci panjang.
l) Letakkan baguette berbentuk pada lembaran pembakar yang dialas kertas.
m) Tutupnya dengan tuala dapur bersih dan biarkan ia naik selama 30-45 minit lagi.
n) Panaskan ketuhar anda hingga 220°C (430°F).

o) Sejurus sebelum membakar, gunakan pisau atau bilah tajam untuk menjaringkan bahagian atas baguette dengan garis miring pepenjuru. Ini membantu roti mengembang dan membentuk kerak yang bagus.
p) Letakkan loyang dalam ketuhar yang telah dipanaskan.
q) Bakar selama kira-kira 20-25 minit atau sehingga baguette berwarna perang keemasan dan bunyi berongga apabila diketuk di bahagian bawah.
r) Biarkan Pan de Barra Sepanyol sejuk di atas rak dawai sebelum dihiris dan dihidangkan.

## 24. Khobz Maghribi

**BAHAN-BAHAN:**
- 4 cawan tepung serba guna
- 2 sudu kecil garam
- 2 sudu teh gula
- 1 sudu besar yis kering aktif
- 1 1/2 cawan air suam

**ARAHAN:**
a) Dalam mangkuk kecil, satukan air suam, gula, dan yis kering aktif. Kacau dan biarkan selama kira-kira 5-10 minit, atau sehingga ia menjadi berbuih. Ini menunjukkan bahawa yis aktif.
b) Dalam mangkuk adunan besar, satukan tepung dan garam.
c) Buat perigi di tengah campuran tepung dan tuangkan campuran yis yang diaktifkan ke dalamnya.
d) Mula mencampurkan bahan-bahan bersama untuk membentuk doh yang melekit.
e) Balikkan doh ke atas permukaan yang ditaburi sedikit tepung.
f) Uli doh lebih kurang 10-15 minit sehingga licin dan elastik. Anda mungkin perlu menambah sedikit lagi tepung untuk mengelakkan melekat, tetapi pastikan doh sedikit melekit.
g) Letakkan doh semula ke dalam mangkuk adunan, tutupnya dengan tuala dapur yang bersih, dan biarkan ia mengembang di tempat yang hangat dan bebas draf selama kira-kira 1 jam atau sehingga ia mengembang dua kali ganda.
h) Selepas naik pertama, tebuk doh untuk mengeluarkan gelembung udara.
i) Bahagikan doh kepada 6-8 bahagian yang sama, bergantung pada saiz khobz anda yang dikehendaki.
j) Gulungkan setiap bahagian menjadi bola dan kemudian ratakan ke dalam cakera bulat, kira-kira 1/4 inci tebal. Saiznya hendaklah serupa dengan pinggan makan kecil.
k) Letakkan khobz berbentuk pada lembaran pembakar yang dialas kertas.
l) Tutupnya dengan tuala dapur bersih dan biarkan ia naik selama 30-45 minit lagi.
m) Panaskan ketuhar anda hingga 220°C (430°F).
n) Sebelum membakar, anda boleh membuat lekukan kecil di khobz menggunakan hujung jari anda.
o) Letakkan loyang dalam ketuhar yang telah dipanaskan.
p) Bakar selama kira-kira 15-20 minit atau sehingga khobz berwarna perang sedikit dan mempunyai sedikit kerak.
q) Hidangkan Khobz Maghribi hangat. Ia sesuai untuk mencedok rebusan Maghribi, tagines, atau untuk membuat sandwic.

## 25.Chuta Peru

**BAHAN-BAHAN:**
**UNTUK DOH:**
- 1 kg (kira-kira 7 1/2 cawan) tepung serba guna
- 100g (kira-kira 1/2 cawan) mentega tanpa garam, dilembutkan
- 2 biji telur besar
- 1/2 cawan gula pasir
- 1/2 cawan susu
- 1/4 cawan minuman keras anise (Pisco), atau gantikan dengan minuman keras atau rum lain
- 1/4 cawan minyak sayuran
- 2 sudu teh ekstrak vanila
- 2 sudu kecil biji bilis
- 2 sudu teh yis kering aktif
- 1/2 sudu teh garam

**UNTUK BASUH TELUR:**
- 1 biji telur, dipukul

**ARAHAN:**

a) Dalam mangkuk kecil, satukan yis kering aktif dengan sedikit air suam dan secubit gula. Kacau dan biarkan selama kira-kira 5-10 minit, atau sehingga ia menjadi berbuih.
b) Dalam mangkuk adunan besar, satukan tepung dan garam.
c) Dalam mangkuk lain, campurkan bersama telur, gula pasir, susu, minuman keras anise (atau pengganti), minyak sayuran, ekstrak vanila, biji anise, dan campuran yis yang diaktifkan.
d) Buat perigi di tengah adunan tepung dan tuangkan bahan basah ke dalamnya.
e) Gaulkan semuanya hingga menjadi doh. Uli doh sehingga licin dan elastik, yang mungkin mengambil masa kira-kira 15-20 minit. Anda boleh melaraskan tepung atau cecair mengikut keperluan untuk mendapatkan konsistensi yang betul.
f) Setelah doh siap, masukkan mentega lembut dan teruskan menguli sehingga ia sebati.
g) Bahagikan doh kepada bahagian dan gulung menjadi tali panjang. Anda boleh mencipta jalinan ringkas atau membentuk jalinan yang rumit untuk chuta yang lebih hiasan.
h) Letakkan chutas berbentuk di atas loyang yang dialas dengan kertas parchment.
i) Tutupnya dengan tuala dapur bersih dan biarkan ia mengembang selama kira-kira 1-2 jam atau sehingga saiznya menjadi dua kali ganda.
j) Panaskan ketuhar anda hingga 180°C (350°F).
k) Sapu chuta dengan telur yang telah dipukul untuk memberikan kemasan berkilat.
l) Bakar chutas dalam ketuhar yang telah dipanaskan selama kira-kira 20-30 minit atau sehingga ia berwarna perang keemasan dan bunyi berongga apabila diketuk di bahagian bawah.
m) Benarkan Chuta Peru sejuk di atas rak dawai.

# 26. Krustenbrot Jerman

**BAHAN-BAHAN:**
**UNTUK SPAN:**
- 1 cawan (240ml) air suam
- 1 sudu teh gula
- 2 1/4 sudu teh (1 paket) yis kering aktif
- 1 cawan (120g) tepung serba guna

**UNTUK DOH:**
- Span dari atas
- 1 1/2 cawan (360ml) air suam
- 1 1/2 sudu teh garam
- 4 cawan (480g) tepung roti
- 1 cawan (120g) tepung gandum
- 1 sudu besar molase (pilihan, untuk warna dan rasa)
- Tepung jagung untuk habuk

**ARAHAN:**

a) Dalam mangkuk kecil, satukan air suam dan gula. Kacau untuk melarutkan gula.

b) Taburkan yis kering aktif di atas air, kacau perlahan-lahan, dan biarkan selama kira-kira 5-10 minit, atau sehingga ia menjadi berbuih.

c) Dalam mangkuk adunan yang lebih besar, satukan 1 cawan tepung serba guna dengan campuran yis untuk membentuk pes tebal.

d) Tutup mangkuk dengan tuala dapur bersih dan biarkan ia berehat selama kira-kira 30 minit. Ini adalah span.

e) Masukkan air suam, garam dan molase (jika guna) ke dalam span dan gaul rata.

f) Masukkan tepung roti dan tepung gandum secara beransur-ansur ke dalam adunan. Gaul sehingga menjadi doh yang melekit.

g) Balikkan doh ke atas permukaan tepung.

h) Uli doh selama kira-kira 10-15 minit, tambah lagi tepung mengikut keperluan, sehingga ia licin dan elastik. Doh hendaklah sedikit melekit tetapi boleh diurus.

i) Letakkan doh dalam mangkuk yang telah digris, tutupnya dengan tuala dapur yang bersih, dan biarkan ia mengembang di tempat yang hangat dan bebas draf selama kira-kira 1-1.5 jam atau sehingga ia mengembang dua kali ganda.

j)  Tumbuk doh yang telah kembang untuk mengeluarkan sebarang buih udara.
k)  Bentukkan doh menjadi roti bulat atau bujur.
l)  Letakkan roti berbentuk pada lembaran pembakar atau dalam bakul kalis yang telah ditaburi tepung jagung.
m) Tutup roti dengan tuala dapur bersih dan biarkan ia naik selama 30-45 minit lagi.
n)  Panaskan ketuhar anda hingga 220°C (430°F).
o)  Sejurus sebelum membakar, buat beberapa garisan cetek di bahagian atas roti dengan pisau atau bilah yang tajam. Ini membantu roti mengembang dan membentuk kerak rangup.
p)  Letakkan loyang dalam ketuhar yang telah dipanaskan.
q)  Bakar selama kira-kira 30-35 minit atau sehingga Krustenbrot berwarna perang keemasan dan mempunyai kerak rangup.
r)  Benarkan Krustenbrot Jerman sejuk di atas rak dawai sebelum dihiris dan dihidangkan.

## 27. Roti Benggali Malaysia

**BAHAN-BAHAN:**
- 500g (kira-kira 4 cawan) tepung serba guna
- 2 sudu kecil garam
- 3 sudu besar gula
- 1 paket (7g) yis kering aktif
- 300ml (kira-kira 1 1/4 cawan) air suam
- 1/4 cawan susu pekat atau susu sejat
- 1/4 cawan minyak sayuran

**ARAHAN:**
a) Dalam mangkuk kecil, satukan air suam, gula, dan yis kering aktif. Kacau dan biarkan selama kira-kira 5-10 minit, atau sehingga ia menjadi berbuih. Ini menunjukkan bahawa yis aktif.
b) Dalam mangkuk adunan besar, satukan tepung dan garam.
c) Buat perigi di tengah campuran tepung dan tuangkan campuran yis yang diaktifkan ke dalamnya.
d) Masukkan susu pekat (atau susu sejat) dan minyak sayuran.
e) Gaulkan semuanya hingga menjadi doh. Uli doh sehingga licin dan elastik, yang mungkin mengambil masa kira-kira 10-15 minit. Anda boleh melaraskan tepung atau cecair mengikut keperluan untuk mendapatkan konsistensi yang betul.
f) Letakkan doh kembali ke dalam mangkuk adunan, tutupnya dengan tuala dapur yang bersih, dan biarkan ia mengembang di tempat yang hangat dan bebas draf selama kira-kira 1-2 jam atau sehingga ia mengembang dua kali ganda.
g) Selepas naik pertama, tebuk doh untuk mengeluarkan gelembung udara.
h) Bahagikan doh kepada bahagian yang sama saiz, bergantung pada saiz roti yang anda suka.
i) Bentuk setiap bahagian menjadi roti bulat atau bujur.
j) Letakkan roti yang telah dibentuk di atas loyang yang dialas dengan kertas parchment.
k) Tutupnya dengan tuala dapur bersih dan biarkan ia naik selama 30-45 minit lagi.
l) Panaskan ketuhar anda hingga 180°C (350°F).
m) Secara pilihan, sapu bahagian atas roti dengan sedikit susu untuk kemasan berkilat.

n) Letakkan loyang dalam ketuhar yang telah dipanaskan.
o) Bakar selama kira-kira 20-25 minit atau sehingga roti Roti Benggali berwarna perang keemasan dan bunyi berongga apabila diketuk di bahagian bawah.
p) Biarkan Roti Benggali Malaysia sejuk di atas rak dawai sebelum dihiris dan dihidangkan.
q) Roti Benggali sangat sesuai untuk dihidangkan bersama kari, rebusan atau sebagai snek. Rasanya yang sedikit manis dan teksturnya yang lembut menjadikannya roti yang lazat dan serba boleh yang melengkapkan banyak hidangan.

# 28.Kemboja Num Pang Baguette

**BAHAN-BAHAN:**
**UNTUK PERAPAN:**
- 1 paun (450g) daging babi yang dihiris nipis (pinggang atau bahu)
- 3 ulas bawang putih, dikisar
- 2 sudu besar kicap
- 1 sudu besar sos ikan
- 1 sudu besar sos tiram
- 1 sudu besar gula
- 1/2 sudu kecil lada hitam

**UNTUK SAYUR ACAR:**
- 1 lobak merah sederhana, julienned
- 1 timun sederhana, dihiris nipis
- 1/2 cawan cuka putih
- 1/2 cawan air suam
- 2 sudu besar gula
- 1 sudu teh garam

**UNTUK SPREAD DAN TOPPING:**
- Baguette atau gulung
- Mayonis
- sos Sriracha
- Daun ketumbar segar
- Daun pudina segar
- Jalapeno yang dihiris

**ARAHAN:**
a) Dalam mangkuk, satukan bawang putih kisar, kicap, sos ikan, sos tiram, gula dan lada hitam.
b) Masukkan daging babi yang dihiris nipis ke dalam perapan dan gaul rata.
c) Biarkan daging babi diperap sekurang-kurangnya 30 minit, atau simpan dalam peti sejuk selama beberapa jam untuk rasa yang lebih baik.
d) Dalam mangkuk yang berasingan, satukan cuka putih, air suam, gula dan garam. Kacau sehingga gula dan garam larut.
e) Masukkan lobak merah julienned dan timun yang dihiris nipis ke dalam campuran cuka. Biarkan mereka berendam selama kira-kira 15-20 minit. Toskan sebelum digunakan.
f) Panaskan kuali di atas api sederhana tinggi. Masukkan sedikit minyak.
g) Goreng daging babi yang diperap sehingga masak dan sedikit karamel, kira-kira 5-7 minit.
h) Potong baguette atau gulung separuh memanjang.
i) Sapukan lapisan mayonis pada satu bahagian dan sriracha pada bahagian lain roti.
j) Lapiskan daging babi yang dimasak di bahagian bawah baguette.
k) Masukkan sayur jeruk, daun ketumbar segar, daun pudina segar dan jalapeño yang dihiris di atas daging babi.
l) Tutup sandwic dengan bahagian atas baguette.

## 29. Baguette Argentina

**BAHAN-BAHAN:**
- 500g (kira-kira 4 cawan) tepung serba guna
- 10g (2 sudu teh) garam
- 7g (1 paket) yis kering aktif
- 300ml (1 1/4 cawan) air suam
- 1 sudu teh gula
- 1 sudu besar minyak sayuran

**ARAHAN:**

a) Dalam mangkuk kecil, satukan air suam, gula dan yis. Biarkan selama kira-kira 5-10 minit, atau sehingga ia menjadi berbuih. Ini menunjukkan bahawa yis aktif.

b) Dalam mangkuk adunan besar, satukan tepung dan garam.

c) Masukkan campuran yis yang telah diaktifkan secara beransur-ansur ke dalam tepung dan kacau rata.

d) Masukkan minyak sayuran dan teruskan gaul sehingga adunan sebati.

e) Balikkan doh ke atas permukaan yang ditaburi sedikit tepung.

f) Uli doh lebih kurang 10-15 minit sehingga menjadi licin dan anjal. Anda mungkin perlu menambah sedikit lagi tepung jika doh terlalu melekit.

g) Letakkan doh dalam mangkuk yang digris sedikit, tutupnya dengan kain lembap, dan biarkan ia mengembang di tempat yang hangat dan bebas draf selama kira-kira 1-2 jam, atau sehingga ia mengembang dua kali ganda.

h) Selepas kenaikan pertama, tebuk doh dan bahagikan kepada dua bahagian yang sama.

i) Gulungkan setiap bahagian ke dalam bentuk panjang seperti baguette dan letakkannya di atas loyang yang ditaburkan sedikit tepung atau dialas kertas.

j) Tutup baguette berbentuk dengan kain lembap dan biarkan ia naik selama 30-45 minit tambahan.

k) Panaskan ketuhar anda hingga 200°C (400°F).

l) Sebelum membakar, anda boleh membuat garisan cetek di bahagian atas baguette dengan pisau tajam atau pisau cukur, jika dikehendaki. Ini membantu roti mengembang semasa membakar.

m) Bakar baguette dalam ketuhar yang telah dipanaskan selama 20-25 minit, atau sehingga ia berwarna perang keemasan dan bunyi berongga apabila diketuk di bahagian bawah.

n) Benarkan baguette Argentina sejuk di atas rak dawai. Setelah ia sejuk, anda boleh menggunakannya untuk membuat sandwic Argentina kegemaran anda, seperti lomito atau choripan.

# 30. Baguette Indonesia (Roti Tawar)

**BAHAN-BAHAN:**
- 500g (kira-kira 4 cawan) tepung serba guna
- 10g (2 sudu teh) garam
- 10g (2 sudu teh) gula
- 7g (1 paket) yis kering aktif
- 300ml (kira-kira 1 1/4 cawan) air suam
- 3 sudu besar mentega tanpa garam, dilembutkan
- 1 biji telur, dipukul (untuk cucian telur)

**ARAHAN:**
a) Dalam mangkuk kecil, satukan air suam, gula dan yis. Biarkan ia duduk selama kira-kira 5-10 minit, atau sehingga ia menjadi berbuih, menunjukkan bahawa yis itu aktif.
b) Dalam mangkuk adunan besar, satukan tepung dan garam.
c) Masukkan campuran yis yang telah diaktifkan secara beransur-ansur ke dalam tepung dan kacau rata.
d) Masukkan mentega yang telah dilembutkan dan teruskan gaul sehingga doh menjadi licin dan elastik.
e) Balikkan doh ke atas permukaan yang ditaburi sedikit tepung.
f) Uli doh selama kira-kira 10-15 minit, atau sehingga ia menjadi licin dan lentur. Anda mungkin perlu menambah sedikit lagi tepung jika doh terlalu melekit.
g) Letakkan doh dalam mangkuk yang digris sedikit, tutupnya dengan kain lembap, dan biarkan ia mengembang di tempat yang hangat dan bebas draf selama kira-kira 1-2 jam, atau sehingga ia mengembang dua kali ganda.
h) Selepas kenaikan pertama, tebuk doh dan bahagikan kepada dua bahagian yang sama.
i) Bentuk setiap bahagian menjadi baguette panjang atau bentuk roti dan letakkannya di atas loyang yang ditaburkan sedikit tepung atau dialas kertas.
j) Tutup roti berbentuk dengan kain lembap dan biarkan ia naik selama 30-45 minit tambahan.
k) Panaskan ketuhar anda hingga 180°C (350°F).
l) Sebelum membakar, sapu bahagian atas roti dengan telur yang telah dipukul untuk memberikan kemasan yang berkilat.
m) Bakar roti dalam ketuhar yang telah dipanaskan selama kira-kira 20-25 minit, atau sehingga ia berwarna perang keemasan dan bunyi berongga apabila diketuk di bahagian bawah.
n) Biarkan Roti Tawar Indonesia sejuk di atas rak dawai. Setelah ia sejuk, anda boleh menggunakannya untuk membuat sandwic atau menikmatinya dengan hamparan kegemaran anda.

## 31. Roti Medianoche Cuba

**BAHAN-BAHAN:**
- 3 1/2 cawan tepung roti
- 1 1/2 sudu teh garam
- 2 sudu besar gula
- 2 1/4 sudu teh yis kering aktif
- 1/4 cawan air suam (110°F atau 43°C)
- 1/4 cawan mentega tanpa garam, dilembutkan
- 1/2 cawan susu suam (110°F atau 43°C)
- 1 biji telur
- 1 sudu besar mustard kuning (pilihan, untuk rasa)

**ARAHAN:**

a) Dalam mangkuk kecil, satukan air suam, gula dan yis. Biarkan selama kira-kira 5-10 minit, atau sehingga ia menjadi berbuih, menunjukkan bahawa yis itu aktif.
b) Dalam mangkuk adunan besar, satukan tepung roti dan garam.
c) Masukkan campuran yis yang diaktifkan, mentega lembut, susu suam, telur, dan mustard (jika menggunakan).
d) Gaul hingga adunan sebati.
e) Balikkan doh ke atas permukaan yang ditaburi sedikit tepung.
f) Uli doh lebih kurang 10-15 minit sehingga menjadi licin dan anjal. Anda mungkin perlu menambah sedikit lagi tepung jika doh terlalu melekit.
g) Letakkan doh dalam mangkuk yang digris sedikit, tutupnya dengan kain lembap, dan biarkan ia mengembang di tempat yang hangat dan bebas draf selama kira-kira 1-2 jam, atau sehingga ia mengembang dua kali ganda.
h) Selepas kenaikan pertama, tebuk doh dan bahagikan kepada 6-8 bahagian yang sama, bergantung pada saiz roti yang anda inginkan.
i) Bentuk setiap bahagian menjadi roti bulat atau bujur dan letakkannya di atas loyang yang ditaburkan sedikit tepung atau dialas kertas.
j) Tutup roti berbentuk dengan kain lembap dan biarkan ia naik selama 30-45 minit tambahan.
k) Panaskan ketuhar anda hingga 350°F (175°C).
l) Bakar roti dalam ketuhar yang telah dipanaskan selama kira-kira 15-20 minit, atau sehingga ia berwarna perang keemasan dan bunyi berongga apabila diketuk di bahagian bawah.
m) Benarkan roti Cuban Medianoche sejuk di atas rak dawai. Setelah ia sejuk, anda boleh menggunakannya untuk membuat sandwic Cuban Medianoche tradisional dengan daging babi panggang, ham, keju Swiss, jeruk dan mustard.

## 32.Turki Kandil Simidi

**BAHAN-BAHAN:**
**UNTUK DOH:**
- 500g (kira-kira 4 cawan) tepung serba guna
- 10g (2 sudu teh) garam
- 1 paket (7g) yis kering aktif
- 1 sudu besar gula
- 300ml (kira-kira 1 1/4 cawan) susu suam
- 3 sudu besar minyak sayuran

**UNTUK TOPPING:**
- 1 biji kuning telur
- 2 sudu besar susu
- bijan

**ARAHAN:**
a) Dalam mangkuk kecil, satukan susu suam, gula, dan yis kering aktif. Biarkan ia duduk selama kira-kira 5-10 minit, atau sehingga ia menjadi berbuih, menunjukkan bahawa yis itu aktif.
b) Dalam mangkuk adunan besar, satukan tepung dan garam.
c) Masukkan campuran yis dan minyak sayuran ke dalam tepung. Gaul hingga adunan sebati.
d) Balikkan doh ke atas permukaan yang ditaburi sedikit tepung.
e) Uli doh lebih kurang 10-15 minit sehingga menjadi licin dan anjal. Anda mungkin perlu menambah sedikit lagi tepung jika doh terlalu melekit.
f) Letakkan doh dalam mangkuk yang digris sedikit, tutupnya dengan kain lembap, dan biarkan ia mengembang di tempat yang hangat dan bebas draf selama kira-kira 1-2 jam, atau sehingga ia mengembang dua kali ganda.
g) Selepas kenaikan pertama, tebuk doh dan bahagikan kepada 6-8 bahagian yang sama, bergantung pada saiz Kandil Simidi yang anda inginkan.
h) Bentuk setiap bahagian menjadi bentuk panjang seperti baguette.
i) Letakkan Kandil Simidi yang telah dibentuk di atas loyang yang telah dialas dengan kertas parchment.
j) Dalam mangkuk kecil, pukul bersama kuning telur dan susu untuk membuat pencucian telur.
k) Sapu Kandil Simidi dengan cucian telur dan taburkan bijan di atasnya.

l)  Tutup Kandil Simidi dengan kain lembap dan biarkan ia naik selama 30-45 minit tambahan.
m) Panaskan ketuhar anda hingga 180°C (350°F).
n) Bakar Kandil Simidi dalam ketuhar yang telah dipanaskan selama kira-kira 20-25 minit, atau sehingga ia berwarna perang keemasan dan bunyi berongga apabila diketuk di bahagian bawah.
o) Biarkan Kandil Simidi sejuk di atas rak dawai. Setelah ia sejuk, anda boleh menikmatinya sebagai snek atau sampingan dengan teh, atau menggunakannya untuk membuat sandwic dengan inti kegemaran anda.

## 33. Pan de Cristal Sepanyol

**BAHAN-BAHAN:**
**UNTUK DOH:**
- 500g (kira-kira 4 cawan) tepung roti
- 10g (2 sudu teh) garam
- 7g (1 paket) yis kering aktif
- 350ml (kira-kira 1 1/2 cawan) air suam

**UNTUK TOPPING:**
- 2 sudu besar minyak zaitun
- 1/2 sudu teh garam
- Garam laut kasar atau garam laut mengelupas untuk taburan

**ARAHAN:**

a) Dalam mangkuk kecil, satukan air suam dan yis kering aktif. Biarkan selama kira-kira 5-10 minit, atau sehingga ia menjadi berbuih, menunjukkan bahawa yis itu aktif.
b) Dalam mangkuk adunan besar, satukan tepung roti dan garam.
c) Masukkan bancuhan yis teraktif ke dalam tepung dan gaul sehingga doh menjadi sebati.
d) Balikkan doh ke atas permukaan yang ditaburi sedikit tepung.
e) Uli doh lebih kurang 10-15 minit sehingga menjadi licin dan anjal.
f) Letakkan doh dalam mangkuk yang digris sedikit, tutupnya dengan kain lembap, dan biarkan ia mengembang di tempat yang hangat dan bebas draf selama kira-kira 1-2 jam, atau sehingga ia mengembang dua kali ganda.
g) Selepas kenaikan pertama, tebuk doh dan bahagikan kepada dua bahagian yang sama.
h) Pada lembaran pembakar yang dialas dengan kertas parchment, bentuk setiap bahagian menjadi segi empat tepat atau bujur kira-kira 1/4 inci tebal.
i) Tutup Pan de Cristal berbentuk dengan kain lembap dan biarkan ia naik selama 30-45 minit tambahan.
j) Panaskan ketuhar anda hingga 230°C (450°F).
k) Dalam mangkuk kecil, satukan minyak zaitun dan garam.
l) Dengan menggunakan hujung jari anda, lesungkan permukaan Pan de Cristal dengan lembut.
m) Sapu campuran minyak zaitun dan garam di atas roti.
n) Bakar roti dalam ketuhar yang telah dipanaskan selama kira-kira 10-15 minit, atau sehingga ia berwarna perang keemasan dan mempunyai kerak seperti kaca yang rangup.
o) Benarkan Pan de Cristal sejuk di atas rak dawai. Setelah ia sejuk, anda boleh menggunakannya untuk membuat sandwic atau menghidangkannya sebagai sampingan dengan tapas kegemaran anda.

## BAGUET EKSOTIK

## 34. Baguettes currants-walnut

Membuat: 2 Hidangan

**BAHAN-BAHAN:**
- 1 pek Yis
- 1½ sudu besar Madu
- 1¼ cawan air suam
- 1½ cawan tepung roti
- 1½ cawan tepung gandum penuh
- 1 sudu teh Garam
- ¾ cawan bahagian walnut atau pistachio
- ¾ cawan kismis
- ¼ cawan kismis emas
- Mentega; untuk mangkuk salutan
- 1 Telur; dipukul, untuk sayu

**ARAHAN:**

a) Larutkan yis dan madu dalam ¼ cawan air suam dan biarkan sehingga berbuih, kira-kira 10 minit.

b) Dalam pemproses makanan yang dipasang dengan pisau doh plastik, satukan tepung dan garam. Proses kira-kira 30 saat. Masukkan walnut dan proses tambahan 15 saat. Semasa mesin berjalan, tuangkan campuran yis melalui tiub suapan.

c) Semasa mesin berjalan, masukkan 1 cawan air secara perlahan melalui tiub suapan.

d) Proses sehingga doh membersihkan bahagian tepi mangkuk dan tidak lagi kering, kira-kira 1 minit tambahan. Hidupkan ke atas papan yang ditaburi sedikit tepung dan uli kismis dan kismis selama kira-kira 5 minit.

e) Salutkan mangkuk besar dengan mentega. Pindahkan doh ke dalam mangkuk, putar untuk menyaluti bahagian atas dengan mentega. Tutup dengan bungkus plastik dan tuala dan ketepikan untuk mengembang di tempat yang hangat, sehingga doh menjadi dua kali ganda secara pukal, kira-kira 1 hingga 1-½ jam.

f) Balikkan doh ke atas papan yang ditaburkan sedikit tepung. Tebuk untuk mengeluarkan gelembung udara dan bahagikan doh kepada dua bahagian yang sama. Gulung setiap bahagian ke dalam helaian 6 x 15 inci. Gulungkan helaian ke dalam silinder panjang, cubit tepi untuk mengelak. Pindahkan silinder, jahitan sebelah bawah, ke dalam loyang yang telah disapu mentega atau dua loyang baguette. Tutup dengan bungkus plastik dan tuala dan ketepikan hingga naik sehingga doh hampir dua kali ganda, kira-kira 45 minit.

g) Panaskan ketuhar kepada 425.

h) Sapu roti dengan telur yang dipukul dan potong setiap satu dengan pisau tajam beberapa kali di sepanjang pepenjuru.

i) Bakar selama 30 hingga 40 minit, sehingga roti menjadi perang dengan baik.

## 35. Baguettes atau levain

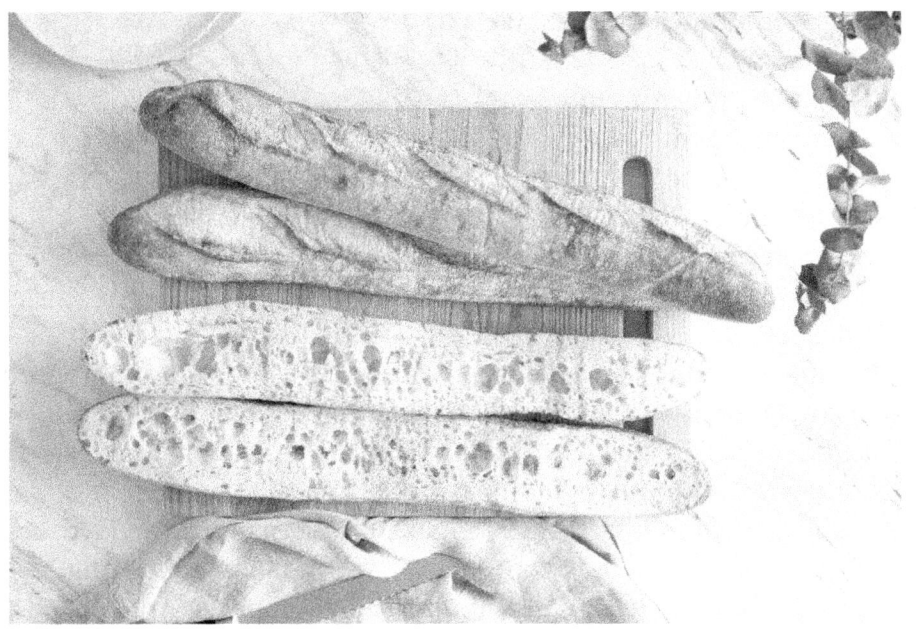

Membuat: 5 hidangan

**BAHAN-BAHAN:**
- 1¼ cawan Pemula, pada suhu bilik.
- ¼ cawan Air
- 2 sudu teh minyak zaitun
- 2½ cawan tepung roti
- ¾ sudu teh Garam
- 1½ sudu besar Gula
- 2 sudu kecil Yis

**ARAHAN:**
e) Keluarkan starter dari peti sejuk pada malam sebelum memulakan roti. Pemula suapan dan biarkan ia mencapai suhu bilik kerana ia mencerna makanan. Masukkan bahan ke dalam kuali mengikut susunan yang disenaraikan. Tetapkan untuk doh, tekan mula.

f) Apabila kitaran selesai, keluarkan doh, picit gas, masukkan ke dalam mangkuk, tutup dengan tuala teh lembap dan biarkan selama 30 minit.

g) Taburkan tepung jagung di kaunter, bentuk doh menjadi 2 silinder nipis, letakkan roti ke dalam kuali baguette, tutup dengan tuala teh dan biarkan mengembang di dalam peti sejuk 12 hingga 24 jam.

h) Keluarkan dari peti ais, renjiskan dengan air, dan biarkan sehingga kembang sepenuhnya. Taburkan dengan air sekali lagi dan bakar dalam ketuhar konvensional pada 375 F selama 30 minit atau sehingga perang dan berkerak. Untuk roti yang benar-benar berkerak, sembur dengan air setiap 5 minit semasa membakar!

# 36. Baguette currant-walnut

Membuat: 2 Hidangan

**BAHAN-BAHAN:**
- 1 pek Yis
- 1½ sudu besar Madu
- 1¼ cawan air suam
- 1½ cawan tepung roti
- 1½ cawan tepung gandum penuh
- 1 sudu teh Garam
- ¾ cawan bahagian walnut atau pistachio
- ¾ cawan kismis
- ¼ cawan kismis emas
- Mentega; untuk mangkuk salutan
- 1 Telur; dipukul, untuk sayu

**ARAHAN:**
j)　Larutkan yis dan madu dalam ¼ cawan air suam dan biarkan sehingga berbuih, kira-kira 10 minit.
k)　Dalam pemproses makanan yang dipasang dengan pisau doh plastik, satukan tepung dan garam. Proses kira-kira 30 saat. Masukkan walnut dan proses tambahan 15 saat. Semasa mesin berjalan, tuangkan campuran yis melalui tiub suapan.
l)　Semasa mesin berjalan, masukkan 1 cawan air secara perlahan melalui tiub suapan.
m)　Proses sehingga doh membersihkan bahagian tepi mangkuk dan tidak lagi kering, kira-kira 1 minit tambahan. Hidupkan ke atas papan yang ditaburi sedikit tepung dan uli kismis dan kismis selama kira-kira 5 minit.
n)　Salutkan mangkuk besar dengan mentega. Pindahkan doh ke dalam mangkuk, putar untuk menyaluti bahagian atas dengan mentega. Tutup dengan bungkus plastik dan tuala dan ketepikan untuk mengembang di tempat yang hangat, sehingga doh menjadi dua kali ganda secara pukal, kira-kira 1 hingga 1-½ jam.
o)　Balikkan doh ke atas papan yang ditaburkan sedikit tepung. Tebuk untuk mengeluarkan gelembung udara dan bahagikan doh kepada dua bahagian yang sama. Gulung setiap bahagian ke dalam helaian 6 x 15 inci. Gulungkan helaian ke dalam silinder panjang, cubit tepi untuk mengelak. Pindahkan silinder, jahitan sebelah bawah, ke dalam loyang yang telah disapu mentega atau dua loyang baguette. Tutup dengan bungkus plastik dan tuala dan ketepikan hingga naik sehingga doh hampir dua kali ganda, kira-kira 45 minit.
p)　Panaskan ketuhar kepada 425.
q)　Sapu roti dengan telur yang dipukul dan potong setiap satu dengan pisau tajam beberapa kali di sepanjang pepenjuru.
r)　Bakar selama 30 hingga 40 minit, sehingga roti menjadi perang dengan baik.

## 37. Ham, keju & baguette herba

Membuat: 8 Hidangan

**BAHAN-BAHAN:**
- 1½ sudu besar yis kering aktif
- 1½ cawan air suam
- 1 sudu besar Madu
- 4 cawan (anggaran) tepung putih yang tidak diluntur
- ½ sudu teh Garam
- 4 sudu besar minyak zaitun
- 1½ cawan Ham atau daging babi yang dipotong dadu
- ½ cawan keju Parmesan yang baru diparut
- 2 sudu teh rosemary segar yang dicincang
- 2 sudu teh thyme segar yang dicincang
- 2 sudu teh Biji segar yang dicincang

**ARAHAN:**
a) Letakkan yis dalam mangkuk adunan yang besar. Campurkan air suam dan madu dan ketepikan di tempat yang hangat selama kira-kira 10 minit, atau sehingga yis dibubarkan dan mula menggelegak.
b) Ayak tepung dan garam secara beransur-ansur ke dalam bancuhan yis, kacau sentiasa sehingga doh mula ditarik dari sisi mangkuk.
c) Taburkan sedikit tepung di atas permukaan kerja dan uli doh perlahan-lahan selama beberapa minit. Potong doh separuh dan gulungkan separuh menjadi segi empat tepat (seperti piza segi empat tepat) kira-kira 14 inci kali 10 inci. Sapu doh dengan 1½ sudu besar minyak zaitun.
d) Taburkan separuh ham ke atas permukaan, tekan perlahan-lahan ke dalam doh. Taburkan separuh keju di atas dan taburkan separuh herba dan kisar lada hitam segar di atas doh.
Menggunakan tangan anda, gulung perlahan-lahan doh memanjang, menjadi bentuk cerut panjang.
e) Kedapkan sedikit bahagian tepi doh. Letakkan dalam kuali roti Perancis yang telah digris dengan baik dan tutup dengan tuala teh yang bersih.
f) Panaskan ketuhar hingga 450 darjah F.
g) Buat roti kedua. Letakkan dua keping roti di tempat hangat yang kering dan biarkan selama 15 minit, bertutup.
h) Sebelum dibakar, sapu sedikit roti dengan baki 1 sudu besar minyak zaitun. Letakkan di rak tengah ketuhar panas dan bakar 20 hingga 25 minit, atau sehingga roti mempunyai kerak coklat keemasan dan berbunyi kosong apabila diketuk di bahagian bawah.

## 38.Baguette doh pizza

Membuat: 2 baguette

**BAHAN-BAHAN:**
- 1 doh pizza
- Semburan masak minyak sayuran ringan
- 2 sudu teh tepung serba guna, dibahagikan

**ARAHAN:**
a) Pindahkan doh ke permukaan kerja yang telah ditaburi tepung jagung. Uli doh selama kira-kira 5 minit, sehingga kenyal, tolak berulang kali daripada anda dengan tapak tangan anda, kemudian lipatkannya ke arah anda, dan tolaknya semula dalam gerakan seperti gelombang.

b) Potong doh separuh. Dengan tapak tangan anda, gulungkan setiap helai ke dalam tali sempit sepanjang 9 inci. Sembur helaian biskut 3 kali dengan semburan masak minyak sayuran ringan dan letakkan doh pada helaian.

c) Tutup dengan tuala dan letakkan kepingan biskut di tempat yang hangat sehingga separuh doh dua kali ganda dalam saiz, 30 hingga 40 minit.

d) Pada penghujung kenaikan kedua ini, panaskan ketuhar kepada 375o.

e) Dengan pisau cukur, buat 3 garisan pepenjuru di bahagian atas setiap baguette. Taburkan 1 sudu teh tepung serba guna di atas setiap satu. Bakar selama kira-kira 25 minit, sehingga baguette berwarna perang dan berbunyi berongga apabila diketuk.

f) Pindahkan baguette ke rak dawai untuk menyejukkan.

# 39. Baguette sayuran

Membuat: 1 hidangan

**BAHAN-BAHAN:**
- 1 labu kuning 6-8 inci
- 1 Zucchini 6-8 inci
- 1 lada benggala merah
- 2 keping bawang ungu, tebal ¼ inci
- 2 sudu teh minyak zaitun, atau semburan minyak zaitun (sehingga 3)
- 1 baguette segar, saiz 12 inci atau separuh daripada saiz penuh
- 2 sudu besar Mozzarella bahagian skim
- Basil, segar atau kering, pilihan

**ARAHAN:**
a) Hiris kedua-dua labu memanjang, kira-kira ¼ inci tebal. Potong lada separuh, dan keluarkan biji. Pada helaian biskut besar, letakkan hirisan labu dan bawang, dan letakkan kulit lada di sebelah atas. Sapu semua kecuali lada dengan sedikit minyak zaitun atau gunakan semburan minyak zaitun, dan letakkan di bawah daging ayam.
b) Biarkan sayur-sayuran sehingga lada char-buang lada dan letakkan dalam beg kertas, atau beg plastik berat dan tutup beg dengan lada kukus.
c) Balikkan baki sayur-sayuran, sembur semula atau sikat jika dikehendaki, dan panggang lagi 2 minit atau lebih, sehingga sayur-sayuran empuk, tetapi tidak dimasak sehingga tidak dikenali.
d) Sementara itu, potong baguette kepada dua bahagian, dan potong setiap separuh memanjang.
e) Di bahagian bawah, letakkan satu tb keju. Pada separuh bahagian atas, sapukan satu sudu teh mayo dan taburkan dengan selasih jika mahu. Apabila lada telah dikukus 5 minit, keluarkan dari beg, dan keluarkan kulit. Potong separuh sekali lagi untuk membuat suku.
f) Lapiskan sayuran pada setiap sandwic di atas keju.

# 40. Apricot Baguettes dengan Honey Glaze

Membuat: 4

**BAHAN-BAHAN:**
- 2 cawan Tepung
- 1.5 cawan Air
- 1 sudu kecil Yis
- 1 sudu besar Garam
- 10 biji aprikot kering, direndam dalam jus oren semalaman
- 3 sudu besar Madu
- 1 sudu besar Mentega
- 1 sudu besar kepingan badam
- 1 sudu besar Kismis

**ARAHAN:**
a) Mulakan dengan mengumpulkan semua bahan anda.
b) Ambil tepung dalam mangkuk yang dalam untuk memudahkan penyediaan doh. Masukkan yis dan garam ke dalam tepung, kemudian pukul dan campurkan semuanya dengan teliti.
c) Masukkan air dan gaul sebati dengan adunan tepung. Anda akan mendapat doh melekit pada ketika ini.
d) Tutup mangkuk berisi doh dengan filem berpaut dan biarkan selama 45 minit.
e) Selepas 45 minit, basahkan tangan anda dan lipat doh selama beberapa minit. Doh mungkin masih agak melekit. Ulangi langkah ini tiga kali, dengan setiap ulangan dipisahkan dengan selang 45 minit.
f) Selepas selang 45 minit terakhir, taburkan permukaan kerja dengan tepung dan pindahkan doh ke atasnya. Taburkan sedikit tepung pada doh juga.
g) Bahagikan doh kepada 4 bahagian yang sama.
h) Ambil satu bahagian, tekan dan ratakan, kemudian gulung menjadi bentuk baguette. Ulangi proses ini dengan bahagian lain.
i) Letakkan doh yang telah digulung di atas dulang pembakar yang telah dialas dengan kertas minyak atau digris. Tutupnya dengan serbet kain dan biarkan selama 20 minit lagi.
j) Panaskan ketuhar hingga 200 darjah Celsius. Semasa ketuhar dipanaskan, keluarkan serbet dan semburkan sedikit air pada doh. Buat beberapa potong di bahagian atas doh dengan pisau tajam. Bakar selama 30 minit.
k) Selepas 30 minit, anda akan mendapat baguette emas yang cantik.
l) Sekarang, mari kita sediakan aprikot berlapis madu. Toskan jus oren daripada aprikot. Dalam kuali, cairkan mentega, dan apabila ia panas, masukkan aprikot.
m) Masak aprikot sehingga ia bertukar menjadi perang keemasan di kedua-dua belah.
n) Masukkan madu ke dalam kuali dan kacau rata untuk mencipta sayu berkilat untuk aprikot.
o) Sudah tiba masanya untuk memasang hidangan. Potong baguette mengikut bentuk yang anda inginkan dan letakkan di atasnya dengan aprikot berlapis madu. Hiaskan dengan kepingan badam dan kismis.

## 41. Roti kamut rempah madu

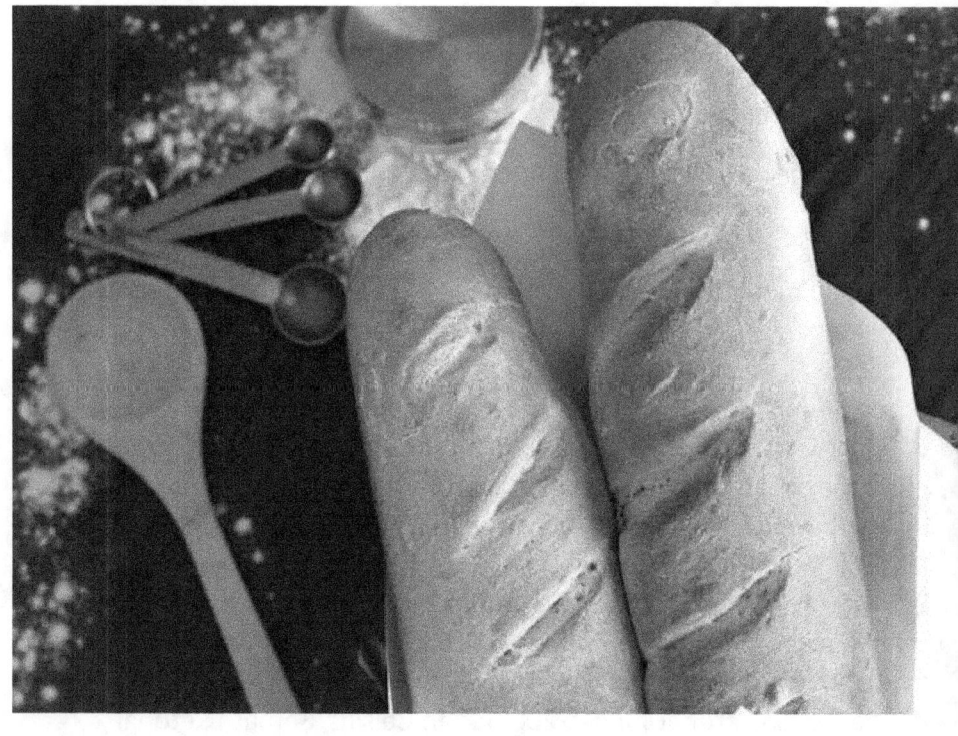

Membuat: 2 roti

**BAHAN-BAHAN:**
- ½ cawan air suam
- 2 pek yis aktif kering
- 1½ cawan susu soya suam
- 2 sudu besar minyak Canola
- ½ cawan madu
- 1 Telur besar atau pengganti telur vegan yang setara
- 3 cawan tepung Kamut
- 1 sudu teh Kayu Manis
- 1 sudu teh Pala
- ½ sudu teh Garam
- 3 cawan tepung dieja
- Semburan atau minyak masak

**ARAHAN:**

a) Dalam mangkuk kecil, kacau bersama air dan yis. Tutup dan ketepikan selama 7 hingga 10 minit.

b) Dalam mangkuk adunan sederhana, campurkan susu soya, minyak, madu, dan telur. Mengetepikan.

c) Dalam mangkuk adunan besar, kacau bersama tepung kamur, kayu manis, buah pala dan garam. Satukan adunan susu dan adunan yis, dan gaul sebati. Masukkan tepung ejaan secara beransur-ansur.

d) Balikkan doh ke atas permukaan yang ditaburi sedikit tepung, dan uli selama 4 hingga 5 minit, atau sehingga doh menjadi sedikit kenyal.

e) Tutup doh dengan tuala, dan biarkan mengembang selama 1 hingga 2 jam, atau sehingga mengembang dua kali ganda.

f) Sembur atau sapu loyang besar dengan minyak. Tebuk doh dan bahagikan separuh. Bentuk setiap separuh menjadi roti bujur dan letakkan roti di atas loyang, kira-kira tiga inci. Tutup dengan tuala dan biarkan mengembang selama 1 hingga 2 jam, atau sehingga dua kali ganda saiznya.

g) Panaskan ketuhar hingga 350F. Bakar roti selama kira-kira 45 minit, atau sehingga ia berbunyi kosong apabila diketuk. Biarkan sejuk selama 10 minit, kemudian pindahkan roti ke rak dawai dan sejukkan sepenuhnya sebelum dihiris.

## 42. Viennoise atau Coklat

Membuat: 3 roti

**BAHAN-BAHAN:**
- ¾ cawan ditambah 2 sudu besar susu penuh
- 2 sudu teh yis segera
- 4⅛ cawan tepung roti (atau tepung T55)
- 3 sudu besar gula pasir
- 1 sudu besar garam halal
- 4½ sudu besar mentega tanpa garam
- ½ cawan cip coklat gelap
- 1 biji telur besar

**ARAHAN:**
a) Buat doh: Dalam mangkuk sederhana, kacau bersama susu dan yis. Masukkan tepung, gula, garam, dan mentega, dan kacau sehingga adunan berbulu sebati. Balikkan doh ke atas bangku anda dan uli selama 8 hingga 10 minit (atau pindahkan ke pengadun berdiri dan uli selama 6 hingga 8 minit pada kelajuan rendah) sehingga licin.

b) Jika menguli dengan tangan, kembalikan doh ke dalam mangkuk. Tutup dengan tuala dan ketepikan selama 1 hingga 1½ jam pada suhu bilik. Doh hendaklah dua kali ganda saiznya. (Masa ini akan berbeza-beza, bergantung pada suhu dapur anda.)

c) Pindahkan mangkuk ke peti sejuk selama 1 hingga 2 jam (semalaman jika boleh) sebelum dibentuk. Lebih sejuk doh (dan lemak dalam doh), lebih mudah dan kurang melekit ia akan berfungsi.

d) Tepung bangku anda dengan ringan dan gunakan pengikis bangku plastik untuk melepaskan doh dari mangkuk. Gunakan pengikis bangku logam untuk membahagikan doh kepada 3 bahagian yang sama, sebaik-baiknya menggunakan skala.

e) Menggunakan hujung jari anda, perlahan-lahan tekan sekeping doh ke dalam segi empat tepat kasar. Taburkan doh dengan satu pertiga daripada cip coklat, tekan untuk melekat. Lipat sepertiga bahagian atas doh ke arah anda dan tekan perlahan di sepanjang jahitan untuk melekat. Lipat separuh bahagian atas doh ke bahagian bawah untuk membuat log. Gunakan tumit tangan atau hujung jari anda untuk mengelak jahitan. Pastikan bangku anda ditaburkan sedikit tepung.

f) Balikkan doh perlahan-lahan supaya jahitan berada di bahagian bawah, dan gunakan tangan anda untuk mengayunkan hujung roti ke depan dan ke belakang untuk menghasilkan bentuk bola sepak. Kemudian gerakkan tangan anda dari tengah roti ke arah tepi untuk memanjangkannya kepada kira-kira 12 inci panjang. Ulang dengan kepingan doh yang tinggal.

g) Letakkan tuala linen pada lembaran pembakar dan lipat satu hujung untuk membuat sempadan. Letakkan satu roti di sebelah lipatan ini. Lipat di sepanjang sisi lain untuk mencipta ruang khusus untuk roti naik. Letakkan roti di sebelah dan buat lipatan lain. Ulang sekali lagi. Tutup dengan tuala dan ketepikan selama 1 jam atau sehingga marshmallow-y bertekstur. Jika anda mencucuk doh, ia akan melambung sedikit ke belakang, meninggalkan lekukan.

h) Selepas 30 minit kalis, panaskan ketuhar hingga 425°F. Lapik loyang dengan kertas parchment.

i) Apabila roti sedia untuk dibakar, angkat perlahan-lahan dan pindahkan setiap roti ke dalam loyang yang disediakan, letakkannya beberapa inci.

j) Dalam mangkuk kecil, pukul telur dengan percikan air, dan gunakan berus pastri untuk menyapu sayu ini di atas roti. Pegang tempang pada sudut 30 darjah, dan cepat dan ringan skor garisan sedalam 8 hingga 10½ inci dengan jarak 1 inci secara menyerong di bahagian atas setiap roti. Di antara roti, celupkan yang lumpuh ke dalam air untuk mengeluarkan sebarang doh yang melekat.

k) Masukkan loyang ke dalam ketuhar. Bakar selama 18 hingga 20 minit, sehingga roti berwarna perang keemasan dalam dan termometer yang dimasukkan ke dalam bahagian tengah mencatatkan kira-kira 200°F.

l) Pindahkan roti ke rak penyejuk atau hidangkan hangat.

## 43. Ficelle

**BAHAN-BAHAN:**
- 110 ml air, suhu bilik
- Secubit garam laut
- 5 g yis segar atau segera
- 5 g gula putih
- 3 cawan tepung roti
- 50 ml mentega cair
- 90 g mentega, lembut

**HIASAN**
- 1/16 c campuran garam laut tanah segar
- Bijan hitam/putih

**ARAHAN:**
a) Mula-mula masukkan yis kemudian air ke dalam mangkuk kecil, kacau sehingga larut sepenuhnya.
b) Sekarang masukkan yis, gula, tepung dan mentega yang telah dilembutkan ke dalam Alat Bantu Dapur anda (pengadun elektrik) dan menggunakan pengait cangkuk doh, uli selama 5 minit pada kelajuan paling rendah.
c) Apabila semua tepung sebati, tutup dan sejukkan selama 24 jam.

## 44.Roti perancis pita biru

Membuat: 32 Hidangan

**BAHAN-BAHAN:**
- 1 pek yis kering aktif
- 2 sudu besar susu kering tanpa lemak
- 1 sudu besar Gula
- 1 sudu besar Garam
- 4 cawan tepung serba guna; sehingga 5 cawan
- 2 cawan air panas; (120- hingga 130 darjah F)
- 1 sudu besar Mentega; suhu bilik
- 1 sudu besar air sejuk
- 1 sudu besar Garam kasar

**ARAHAN:**
a) Dalam mangkuk pengadun atau pengadun besar, kacau bersama yis, susu kering, gula, garam, dan 2 cawan tepung. Tuangkan air panas dan masukkan mentega. Kisar selama 2 minit dengan pemukul rata pengadun. Kacau dalam baki tepung, ½ cawan pada satu masa, bertukar kepada cangkuk doh selepas kira-kira 1 cawan tepung tambahan telah ditambah.
b) Doh akan menjadi jisim shaggy, elastik, tetapi tidak melekit; ia akan membersihkan bahagian tepi mangkuk. Jika ia terus lembap, taburkan pada tepung tambahan.
c) Letakkan tuala dapur di atas mangkuk dan biarkan doh berehat selama 10 minit.
d) Putar pengadun kepada Kelajuan 2 dan uli selama 10 minit.
e) Letakkan doh dalam mangkuk yang telah digris, tutup rapat dengan bungkus plastik untuk mengekalkan kelembapan, dan biarkan pada suhu bilik sehingga dua kali ganda dalam jumlah, kira-kira 1-¼ jam.
f) Tebuk doh dan putarkannya ke atas permukaan kerja yang ditaburi sedikit tepung. Uli selama 30 saat untuk menekan buih, potong kepada dua bahagian, dan bentuk setiap satu menjadi bola.

g) Untuk roti bulat, letakkan doh di sudut loyang yang telah digris atau Teflon atau dalam bakul kecil, dialas dengan kain longgar dan ditabur dengan tepung.

h) Untuk roti yang panjang, gulungkan bola menjadi segi empat tepat, kira-kira 10" x 16". Canai doh sehingga tapak tangan anda menjadi roti panjang yang boleh diletakkan terus di atas loyang yang telah digris atau Teflon atau dalam bakul berlapik kain panjang. Kemudian, selepas ia naik, ia akan dipusingkan dari bakul terus ke loyang.

i) Tutup roti dengan berhati-hati dengan kertas lilin dan letakkan di tempat yang hangat.

j) Biarkan sehingga dua kali ganda dalam jumlah, kira-kira 45 hingga 50 minit (saya dapati ia biasanya lebih lama).

k) Sediakan ketuhar dengan meletakkan kuali pembakar yang besar dan cetek di bawah rak bawah ketuhar. Panaskan ketuhar hingga 400 darjah F. kira-kira 20 minit sebelum dibakar. Tiga minit sebelum meletakkan roti di dalam ketuhar, tuangkan 1 liter air panas ke dalam kuali.

l) Jika roti telah timbul dalam bakul, hanya masukkan roti yang dinaikkan ke tangan anda dan cepat-cepat pusingkan roti sebelah kanan ke atas dan ke atas loyang.

m) Berus dengan air sejuk dan taburkan dengan garam kasar (atau bijan atau biji popi).

n) Dengan pisau cukur atau pisau tajam, potong roti bulat dengan reka bentuk tic-tac-toe, roti panjang dengan potongan pepenjuru.

o) Bakar roti sehingga ia berwarna perang keemasan, 45 minit. Balikkan satu roti dan ketuk bahagian bawah kerak; bunyi berongga keras bermakna roti telah dibakar. Jika tidak, kembalikan ke ketuhar selama 10 minit lagi. Pertengahan semasa membakar dan sekali lagi berhampiran penghujung t, alihkan roti pada lembaran pembakar supaya ia terdedah sama kepada variasi suhu ketuhar.

p) Keluarkan roti dari ketuhar dan letakkan di atas rak dawai untuk menyejukkan.

## 45. Viennoise atau Chocolat yang disumbat

Membuat: 8 Hidangan

**BAHAN-BAHAN:**
- 1 paun roti Viennoise atau Chocolat
- 12 auns Swiss atau mozzarella; dicincang
- 1 cawan Mentega
- 1 sudu kecil garam perasa
- 1 sudu kecil garam bawang putih
- 1 sudu teh jus limau
- 1 sudu besar biji popia
- 2 sudu besar serpihan bawang besar

**ARAHAN:**
a) Roti potong silang kepada 1" kiub tetapi jangan potong sepenuhnya.
b) Masukkan keju, cairkan mentega & rempah ratus dan tuangkan ke atas roti yang telah dipotong.
c) Balut dalam foil berat dan bakar 350F selama 25 minit.
d) Buka & bakar selama 15 minit tambahan.

## 46. Beri biru dan Limau Baguette

**BAHAN-BAHAN:**
- 1 pek Yis
- 1½ sudu besar Madu
- 1¼ cawan air suam
- 1½ cawan tepung roti
- 1½ cawan tepung gandum penuh
- 1 sudu teh Garam
- 1 cawan beri biru segar
- Perahan 1 limau
- ¼ cawan jus limau
- Mentega (untuk mangkuk salutan)
- 1 biji telur (dipukul, untuk glaze)

**ARAHAN:**
a) Larutkan yis dan madu dalam ¼ cawan air suam dan biarkan ia berdiri sehingga berbuih, kira-kira 10 minit.
b) Dalam pemproses makanan yang dipasang dengan pisau doh plastik, satukan tepung roti, tepung gandum dan garam. Proses selama kira-kira 30 saat.
c) Masukkan campuran yis ke dalam pemproses makanan dengan mesin berjalan. Masukkan baki 1 cawan air perlahan-lahan melalui tiub suapan. Proses sehingga doh membersihkan bahagian tepi mangkuk dan tidak lagi kering, kira-kira 1 minit.
d) Balikkan doh ke atas papan yang ditaburkan sedikit tepung.
e) Uli dalam beri biru segar dan kulit limau selama kira-kira 5 minit, atau sehingga ia diedarkan secara sama rata.
f) Salutkan mangkuk besar dengan mentega. Pindahkan doh ke dalam mangkuk, putar untuk menyaluti bahagian atas dengan mentega. Tutup dengan bungkus plastik dan tuala dan ketepikan untuk mengembang di tempat yang hangat sehingga doh menjadi dua kali ganda secara pukal, kira-kira 1 hingga 1-½ jam.
g) Panaskan ketuhar anda hingga 425°F (220°C).
h) Balikkan doh ke atas papan yang ditabur sedikit tepung semula.
i) Tebuk untuk mengeluarkan gelembung udara dan bentukkan doh menjadi bentuk baguette, kira-kira 15-16 inci panjang.
j) Pindahkan doh berbentuk ke dalam loyang yang telah disapu mentega atau loyang baguette.
k) Tutup dengan bungkus plastik dan tuala dan ketepikan hingga naik sehingga doh hampir dua kali ganda, kira-kira 45 minit.
l) Sapu baguette dengan telur yang telah dipukul.
m) Bakar selama 30 hingga 40 minit, sehingga baguette berwarna perang dan berbunyi kosong apabila diketuk.
n) Semasa baguette dibakar, sediakan sayu limau dengan mencampurkan jus limau dengan sedikit madu.
o) Setelah baguette siap, keluarkannya dari ketuhar dan segera sapu dengan sayu limau untuk menambah rasa limau.
p) Biarkan baguette sejuk selama beberapa minit sebelum dihiris.
q) Potong baguette ke dalam hidangan individu dan nikmati Beri biru dan Limau Baguette anda.

# BAGUET GANDUM SELURUH

## 47. Baguette gandum penuh berkerak

Membuat: 2 Hidangan

**BAHAN-BAHAN:**
- ½ cawan Ditambah 1 sudu besar air sejuk
- 1½ sudu teh Garam
- 3 sudu besar Madu
- 1 cawan tepung gandum
- ½ cawan tepung roti
- Minyak dan tepung jagung untuk kuali
- 2 baguette, atau 8 hidangan.

**ARAHAN:**
a) Dalam pemproses yang dipasang dengan bilah logam, Campurkan Span Asas dengan air, garam dan madu sehingga rata. Satukan tepung.

b) Masukkan tepung sebati, ¼ cawan pada satu masa, berdenyut beberapa kali untuk memasukkan setiap penambahan. Kemudian proses doh sehingga lembut, elastik dan melekat sedikit pada mangkuk kerja, kira-kira 1 minit, tambah lebih banyak air atau tepung dengan sudu teh, jika doh terlalu kering atau terlalu basah. Doh harus sangat melekit.

c) Pindahkan doh ke dalam beg plastik besar, picit semua udara dan tutup rapat di bahagian atas beg untuk memberi ruang yang cukup untuk doh mengembang. Letakkan beg dalam mangkuk dan biarkan doh mengembang di tempat hangat sehingga dua kali ganda, kira-kira 1 jam.

d) Kuali roti baguette dua minyak. Taburkan bahagian bawah sedikit dengan tepung jagung.

e) Tumbuk doh, letakkan di atas permukaan yang ditaburkan dengan banyak tepung dan bahagikan kepada dua. Tepuk setiap bahagian menjadi segi empat tepat. Mulakan pada bahagian yang panjang untuk menggulung doh. Cubit jahitan untuk mengelak. Regangkan perlahan-lahan agar sesuai dengan kuali, jika perlu.

f) Letakkan jahitan doh sebelah bawah, dalam kuali. Taburkan sedikit tepung di atasnya.

g) Tutup longgar dengan plastik.

h) Biarkan doh mengembang di tempat suam sehingga mengembang dua kali ganda, kira-kira 50 minit atau lebih lama jika disejukkan sebelum ini. Permukaan tebas.

i) Kira-kira 15 minit sebelum membakar, letakkan rak di bahagian bawah ketuhar pada suhu 475 darjah F. Letakkan roti dalam ketuhar, kemudian segera kecilkan api kepada 425 darjah F. bakar baguette sehingga perang dalam dan berbunyi kosong apabila diketuk di bahagian bawah.

j) Kira-kira 15 hingga 18 minit. Keluarkan segera dari kuali. Letakkan pada rak dawai.

## 48. Baguette Gandum Penuh Klasik

**BAHAN-BAHAN:**
- 1 1/2 cawan air suam (110°F atau 45°C)
- 2 1/4 sudu teh yis kering aktif (1 paket)
- 1 sudu teh gula
- 3 1/2 cawan tepung gandum
- 1 1/2 sudu teh garam
- 1 sudu besar minyak zaitun
- Tepung jagung atau semolina (untuk habuk)

**ARAHAN:**
a) Dalam mangkuk kecil, satukan air suam, yis, dan gula. Biarkan selama kira-kira 5-10 minit sehingga adunan menjadi berbuih.
b) Dalam mangkuk adunan yang besar, satukan tepung gandum dan garam. Buat perigi di tengah adunan tepung.
c) Tuangkan campuran yis dan minyak zaitun ke dalam perigi dalam tepung.
d) Kacau bahan sehingga menjadi doh.
e) Uli doh di atas permukaan yang ditaburkan tepung selama kira-kira 8-10 minit sehingga menjadi licin dan anjal. Boleh tambah sedikit lagi tepung jika adunan terlalu likat.
f) Letakkan doh dalam mangkuk yang disapu sedikit minyak, tutupnya dengan kain bersih atau bungkus plastik, dan biarkan ia mengembang di tempat yang hangat dan bebas draf selama kira-kira 1 jam atau sehingga ia mengembang dua kali ganda.
g) Panaskan ketuhar anda hingga 450°F (230°C). Letakkan batu pembakar atau loyang terbalik di dalam ketuhar semasa ia dipanaskan terlebih dahulu. Jika anda mempunyai batu piza, ia sesuai untuk membakar baguette.
h) Tebuk doh dan bahagikan kepada dua bahagian yang sama.
i) Gulungkan setiap bahagian menjadi bentuk baguette yang panjang dan nipis. Anda boleh menggunakan tangan untuk membentuk doh atau melancarkannya di atas permukaan tepung dan kemudian memindahkannya ke dalam loyang atau kulit pizza yang ditaburi tepung jagung atau tepung semolina.
j) Tutup baguette berbentuk dengan kain bersih dan biarkan ia naik semula selama kira-kira 20-30 minit.

k) Menggunakan pisau tajam atau pisau cukur, buat garisan pepenjuru di bahagian atas baguette. Ini membantu mereka mengembangkan dan mengembangkan rupa baguette klasik itu.
l) Pindahkan baguette dengan berhati-hati ke dalam ketuhar yang telah dipanaskan, sama ada terus ke atas batu pembakar atau ke atas loyang yang panas. Berhati-hati semasa membuka ketuhar; ia panas!
m) Bakar selama kira-kira 25-30 minit, atau sehingga baguette berwarna perang keemasan dan bunyi berongga apabila diketuk di bahagian bawah.
n) Biarkan baguette sejuk di atas rak dawai sebelum dihiris dan dihidangkan.
o) Nikmati Baguette Gandum Gandum Klasik buatan sendiri anda!

## 49. Baguette Gandum Penuh Rosemary

## BAHAN-BAHAN:
- 1 1/2 cawan air suam (110°F atau 45°C)
- 2 1/4 sudu teh yis kering aktif (1 paket)
- 1 sudu teh gula
- 3 1/2 cawan tepung gandum
- 1 1/2 sudu teh garam
- 1 sudu besar minyak zaitun
- 1 1/2 sudu besar rosemary segar, dicincang halus (atau 1 1/2 sudu teh rosemary kering)
- Tepung jagung atau semolina (untuk habuk)

## ARAHAN:
a) Dalam mangkuk kecil, satukan air suam, yis, dan gula. Biarkan selama kira-kira 5-10 minit sehingga adunan menjadi berbuih.
b) Dalam mangkuk adunan yang besar, satukan tepung gandum, garam dan rosemary yang dicincang. Buat perigi di tengah adunan tepung.
c) Tuangkan campuran yis dan minyak zaitun ke dalam perigi dalam tepung.
d) Kacau bahan sehingga menjadi doh.
e) Uli doh di atas permukaan yang ditaburkan tepung selama kira-kira 8-10 minit sehingga menjadi licin dan anjal. Boleh tambah sedikit lagi tepung jika adunan terlalu likat.
f) Letakkan doh dalam mangkuk yang disapu sedikit minyak, tutupnya dengan kain bersih atau bungkus plastik, dan biarkan ia mengembang di tempat yang hangat dan bebas draf selama kira-kira 1 jam atau sehingga ia mengembang dua kali ganda.
g) Panaskan ketuhar anda hingga 450°F (230°C). Letakkan batu pembakar atau loyang terbalik di dalam ketuhar semasa ia dipanaskan terlebih dahulu. Jika anda mempunyai batu piza, ia sesuai untuk membakar baguette.
h) Tebuk doh dan bahagikan kepada dua bahagian yang sama.
i) Gulungkan setiap bahagian menjadi bentuk baguette yang panjang dan nipis. Anda boleh menggunakan tangan untuk membentuk doh atau melancarkannya di atas permukaan tepung dan kemudian memindahkannya ke dalam loyang atau kulit pizza yang ditaburi tepung jagung atau tepung semolina.

j) Tutup baguette berbentuk dengan kain bersih dan biarkan ia naik semula selama kira-kira 20-30 minit.
k) Menggunakan pisau tajam atau pisau cukur, buat garisan pepenjuru di bahagian atas baguette. Ini membantu mereka mengembangkan dan mengembangkan rupa baguette klasik itu.
l) Pindahkan baguette dengan berhati-hati ke dalam ketuhar yang telah dipanaskan, sama ada terus ke atas batu pembakar atau ke atas loyang yang panas. Berhati-hati semasa membuka ketuhar; ia panas!
m) Bakar selama kira-kira 25-30 minit, atau sehingga baguette berwarna perang keemasan dan bunyi berongga apabila diketuk di bahagian bawah.
n) Biarkan baguette sejuk di atas rak dawai sebelum dihiris dan dihidangkan.
o) Nikmati Rosemary Gandum Penuh   Baguette buatan sendiri anda, dengan aroma dan rasa rosemary yang indah!

## 50. Bawang Putih Parmesan Baguette Gandum Seluruh

**BAHAN-BAHAN:**
- 1 1/2 cawan air suam (110°F atau 45°C)
- 2 1/4 sudu teh yis kering aktif (1 paket)
- 1 sudu teh gula
- 3 1/2 cawan tepung gandum
- 1 1/2 sudu teh garam
- 1 sudu besar minyak zaitun
- 3 ulas bawang putih, dikisar
- 1/2 cawan keju Parmesan parut
- Tepung jagung atau semolina (untuk habuk)

**ARAHAN:**

a) Dalam mangkuk kecil, satukan air suam, yis, dan gula. Biarkan selama kira-kira 5-10 minit sehingga adunan menjadi berbuih.

b) Dalam mangkuk adunan yang besar, satukan tepung gandum dan garam. Buat perigi di tengah adunan tepung.

c) Tuangkan campuran yis dan minyak zaitun ke dalam perigi dalam tepung.

d) Kacau bahan sehingga menjadi doh.

e) Uli doh di atas permukaan yang ditaburkan tepung selama kira-kira 8-10 minit sehingga menjadi licin dan anjal. Boleh tambah sedikit lagi tepung jika adunan terlalu likat.

f) Letakkan doh dalam mangkuk yang disapu sedikit minyak, tutupnya dengan kain bersih atau bungkus plastik, dan biarkan ia mengembang di tempat yang hangat dan bebas draf selama kira-kira 1 jam atau sehingga ia mengembang dua kali ganda.

g) Panaskan ketuhar anda hingga 450°F (230°C). Letakkan batu pembakar atau loyang terbalik di dalam ketuhar semasa ia dipanaskan terlebih dahulu. Jika anda mempunyai batu piza, ia sesuai untuk membakar baguette.

h) Dalam mangkuk kecil, campurkan bawang putih cincang dan keju Parmesan parut.

i) Tebuk doh dan bahagikan kepada dua bahagian yang sama.

j) Gulungkan setiap bahagian menjadi bentuk baguette yang panjang dan nipis. Anda boleh menggunakan tangan untuk membentuk doh atau melancarkannya di atas permukaan tepung dan kemudian memindahkannya ke dalam loyang atau kulit pizza yang ditaburi tepung jagung atau tepung semolina.

k) Sapukan campuran bawang putih dan Parmesan secara merata ke atas setiap baguette.

l) Tutup baguette berbentuk dengan kain bersih dan biarkan ia naik semula selama kira-kira 20-30 minit.

m) Menggunakan pisau tajam atau pisau cukur, buat garisan pepenjuru di bahagian atas baguette. Ini membantu mereka mengembangkan dan mengembangkan rupa baguette klasik itu.

n) Pindahkan baguette dengan berhati-hati ke dalam ketuhar yang telah dipanaskan, sama ada terus ke atas batu pembakar atau ke atas loyang yang panas. Berhati-hati semasa membuka ketuhar; ia panas!

o) Bakar selama kira-kira 25-30 minit, atau sehingga baguette berwarna perang keemasan dan bunyi berongga apabila diketuk di bahagian bawah.

p) Biarkan baguette sejuk di atas rak dawai sebelum dihiris dan dihidangkan.

q) Nikmati Garlic Parmesan Gandum Penuh   Baguette buatan sendiri anda dengan sentuhan yang enak dan cheesy!

# 51. Baguette Gandum Penuh Madu

**BAHAN-BAHAN:**
- 1 1/2 cawan air suam (110°F atau 45°C)
- 2 1/4 sudu teh yis kering aktif (1 paket)
- 1 sudu teh madu
- 3 1/2 cawan tepung gandum
- 1 1/2 sudu teh garam
- 2 sudu besar madu
- 1 sudu besar minyak zaitun
- Tepung jagung atau semolina (untuk habuk)

**ARAHAN:**

a) Dalam mangkuk kecil, satukan air suam, yis, dan 1 sudu teh madu. Biarkan selama kira-kira 5-10 minit sehingga adunan menjadi berbuih.

b) Dalam mangkuk adunan yang besar, satukan tepung gandum dan garam. Buat perigi di tengah adunan tepung.

c) Tuangkan campuran yis, 2 sudu besar madu, dan minyak zaitun ke dalam perigi dalam tepung.

d) Kacau bahan sehingga menjadi doh.

e) Uli doh di atas permukaan yang ditaburkan tepung selama kira-kira 8-10 minit sehingga menjadi licin dan anjal. Boleh tambah sedikit lagi tepung jika adunan terlalu likat.

f) Letakkan doh dalam mangkuk yang disapu sedikit minyak, tutupnya dengan kain bersih atau bungkus plastik, dan biarkan ia mengembang di tempat yang hangat dan bebas draf selama kira-kira 1 jam atau sehingga ia mengembang dua kali ganda.

g) Panaskan ketuhar anda hingga 450°F (230°C). Letakkan batu pembakar atau loyang terbalik di dalam ketuhar semasa ia dipanaskan terlebih dahulu. Jika anda mempunyai batu piza, ia sesuai untuk membakar baguette.

h) Tebuk doh dan bahagikan kepada dua bahagian yang sama.

i) Gulungkan setiap bahagian menjadi bentuk baguette yang panjang dan nipis. Anda boleh menggunakan tangan untuk membentuk doh atau melancarkannya di atas permukaan tepung dan kemudian memindahkannya ke dalam loyang atau kulit pizza yang ditaburi tepung jagung atau tepung semolina.

j) Tutup baguette berbentuk dengan kain bersih dan biarkan ia naik semula selama kira-kira 20-30 minit.
k) Menggunakan pisau tajam atau pisau cukur, buat garisan pepenjuru di bahagian atas baguette. Ini membantu mereka mengembangkan dan mengembangkan rupa baguette klasik itu.
l) Pindahkan baguette dengan berhati-hati ke dalam ketuhar yang telah dipanaskan, sama ada terus ke atas batu pembakar atau ke atas loyang yang panas. Berhati-hati semasa membuka ketuhar; ia panas!
m) Bakar selama kira-kira 25-30 minit, atau sehingga baguette berwarna perang keemasan dan bunyi berongga apabila diketuk di bahagian bawah.
n) Biarkan baguette sejuk di atas rak dawai sebelum dihiris dan dihidangkan.
o) Nikmati Honey Gandum Penuh Baguette buatan sendiri anda dengan sentuhan manis daripada madu!

## 52. Baguette Gandum Seluruh Tomato Kering Matahari

**BAHAN-BAHAN:**
- 1 1/2 cawan air suam (110°F atau 45°C)
- 2 1/4 sudu teh yis kering aktif (1 paket)
- 1 sudu teh gula
- 3 1/2 cawan tepung gandum
- 1 1/2 sudu teh garam
- 1 sudu besar minyak zaitun
- 1/2 cawan tomato kering, dicincang halus
- 1/4 cawan daun selasih segar, dicincang
- Tepung jagung atau semolina (untuk habuk)

**ARAHAN:**
a) Dalam mangkuk kecil, satukan air suam, yis, dan gula. Biarkan selama kira-kira 5-10 minit sehingga adunan menjadi berbuih.
b) Dalam mangkuk adunan yang besar, satukan tepung gandum dan garam. Buat perigi di tengah adunan tepung.
c) Tuangkan campuran yis dan minyak zaitun ke dalam perigi dalam tepung.
d) Kacau bahan sehingga menjadi doh.
e) Uli doh di atas permukaan yang ditaburkan tepung selama kira-kira 8-10 minit sehingga menjadi licin dan anjal. Boleh tambah sedikit lagi tepung jika adunan terlalu likat.
f) Letakkan doh dalam mangkuk yang disapu sedikit minyak, tutupnya dengan kain bersih atau bungkus plastik, dan biarkan ia mengembang di tempat yang hangat dan bebas draf selama kira-kira 1 jam atau sehingga ia mengembang dua kali ganda.
g) Panaskan ketuhar anda hingga 450°F (230°C). Letakkan batu pembakar atau loyang terbalik di dalam ketuhar semasa ia dipanaskan terlebih dahulu. Jika anda mempunyai batu piza, ia sesuai untuk membakar baguette.
h) Tebuk doh dan bahagikan kepada dua bahagian yang sama.
i) Gulungkan setiap bahagian menjadi bentuk baguette yang panjang dan nipis. Anda boleh menggunakan tangan untuk membentuk doh atau melancarkannya di atas permukaan tepung dan kemudian memindahkannya ke dalam loyang atau kulit pizza yang ditaburi tepung jagung atau tepung semolina.

j)  Taburkan tomato kering dan daun selasih segar yang dicincang halus di atas setiap baguette dan tekan perlahan-lahan ke dalam doh.
k)  Tutup baguette berbentuk dengan kain bersih dan biarkan ia naik semula selama kira-kira 20-30 minit.
l)  Menggunakan pisau tajam atau pisau cukur, buat garisan pepenjuru di bahagian atas baguette. Ini membantu mereka mengembangkan dan mengembangkan rupa baguette klasik itu.
m)  Pindahkan baguette dengan berhati-hati ke dalam ketuhar yang telah dipanaskan, sama ada terus ke atas batu pembakar atau ke atas loyang yang panas. Berhati-hati semasa membuka ketuhar; ia panas!
n)  Bakar selama kira-kira 25-30 minit, atau sehingga baguette berwarna perang keemasan dan bunyi berongga apabila diketuk di bahagian bawah.
o)  Biarkan baguette sejuk di atas rak dawai sebelum dihiris dan dihidangkan.
p)  Nikmati Tomato Sun-Dried Tomato dan Basil Gandum Penuh Baguette buatan sendiri anda dengan rasa lazat tomato kering dan selasih segar!

# 53. Baguette Gandum Penuh Zaitun dan Herba

**BAHAN-BAHAN:**
- 1 1/2 cawan air suam (110°F atau 45°C)
- 2 1/4 sudu teh yis kering aktif (1 paket)
- 1 sudu teh gula
- 3 1/2 cawan tepung gandum
- 1 1/2 sudu teh garam
- 1 sudu besar minyak zaitun
- 1/2 cawan pitted zaitun hijau atau hitam, dicincang
- 2 sudu besar herba segar (seperti rosemary, thyme, atau oregano), dicincang
- Tepung jagung atau semolina (untuk habuk)

**ARAHAN:**

a) Dalam mangkuk kecil, satukan air suam, yis, dan gula. Biarkan selama kira-kira 5-10 minit sehingga adunan menjadi berbuih.

b) Dalam mangkuk adunan yang besar, satukan tepung gandum dan garam. Buat perigi di tengah adunan tepung.

c) Tuangkan campuran yis dan minyak zaitun ke dalam perigi dalam tepung.

d) Kacau bahan sehingga menjadi doh.

e) Uli doh di atas permukaan yang ditaburkan tepung selama kira-kira 8-10 minit sehingga menjadi licin dan anjal. Boleh tambah sedikit lagi tepung jika adunan terlalu likat.

f) Letakkan doh dalam mangkuk yang disapu sedikit minyak, tutupnya dengan kain bersih atau bungkus plastik, dan biarkan ia mengembang di tempat yang hangat dan bebas draf selama kira-kira 1 jam atau sehingga ia mengembang dua kali ganda.

g) Panaskan ketuhar anda hingga 450°F (230°C). Letakkan batu pembakar atau loyang terbalik di dalam ketuhar semasa ia dipanaskan terlebih dahulu. Jika anda mempunyai batu piza, ia sesuai untuk membakar baguette.

h) Tebuk doh dan bahagikan kepada dua bahagian yang sama.

i) Gulungkan setiap bahagian menjadi bentuk baguette yang panjang dan nipis. Anda boleh menggunakan tangan untuk membentuk doh atau melancarkannya di atas permukaan tepung dan kemudian memindahkannya ke dalam loyang atau kulit pizza yang ditaburi tepung jagung atau tepung semolina.

j)  Taburkan buah zaitun cincang dan herba segar secara merata di atas setiap baguette dan tekan perlahan-lahan ke dalam doh.
k)  Tutup baguette berbentuk dengan kain bersih dan biarkan ia naik semula selama kira-kira 20-30 minit.
l)  Menggunakan pisau tajam atau pisau cukur, buat garisan pepenjuru di bahagian atas baguette. Ini membantu mereka mengembangkan dan mengembangkan rupa baguette klasik itu.
m) Pindahkan baguette dengan berhati-hati ke dalam ketuhar yang telah dipanaskan, sama ada terus ke atas batu pembakar atau ke atas loyang yang panas. Berhati-hati semasa membuka ketuhar; ia panas!
n)  Bakar selama kira-kira 25-30 minit, atau sehingga baguette berwarna perang keemasan dan bunyi berongga apabila diketuk di bahagian bawah.
o)  Biarkan baguette sejuk di atas rak dawai sebelum dihiris dan dihidangkan.
p)  Nikmati Zaitun and Herb Gandum Penuh   Baguette buatan sendiri anda dengan perisa zaitun dan herba segar yang indah!

## 54. Baguette Gandum Penuh Multigrain

**BAHAN-BAHAN:**
- 1 1/2 cawan air suam (110°F atau 45°C)
- 2 1/4 sudu teh yis kering aktif (1 paket)
- 1 sudu teh gula
- 3 1/2 cawan tepung gandum
- 1/2 cawan bijirin multigrain (campuran bijirin seperti oat, biji rami, biji bunga matahari dan biji bijan)
- 1 1/2 sudu teh garam
- 1 sudu besar minyak zaitun
- Tepung jagung atau semolina (untuk habuk)

**ARAHAN:**
a) Dalam mangkuk kecil, satukan air suam, yis, dan gula. Biarkan selama kira-kira 5-10 minit sehingga adunan menjadi berbuih.
b) Dalam mangkuk adunan yang besar, satukan tepung gandum dan bijirin multigrain. Buat perigi di tengah adunan tepung.
c) Tuangkan campuran yis dan minyak zaitun ke dalam perigi dalam tepung.
d) Kacau bahan sehingga menjadi doh.
e) Uli doh di atas permukaan yang ditaburkan tepung selama kira-kira 8-10 minit sehingga menjadi licin dan anjal. Boleh tambah sedikit lagi tepung jika adunan terlalu likat.
f) Letakkan doh dalam mangkuk yang disapu sedikit minyak, tutupnya dengan kain bersih atau bungkus plastik, dan biarkan ia mengembang di tempat yang hangat dan bebas draf selama kira-kira 1 jam atau sehingga ia mengembang dua kali ganda.
g) Panaskan ketuhar anda hingga 450°F (230°C). Letakkan batu pembakar atau loyang terbalik di dalam ketuhar semasa ia dipanaskan terlebih dahulu. Jika anda mempunyai batu piza, ia sesuai untuk membakar baguette.
h) Tebuk doh dan bahagikan kepada dua bahagian yang sama.
i) Gulungkan setiap bahagian menjadi bentuk baguette yang panjang dan nipis. Anda boleh menggunakan tangan untuk membentuk doh atau melancarkannya di atas permukaan tepung dan kemudian memindahkannya ke dalam loyang atau kulit pizza yang ditaburi tepung jagung atau tepung semolina.

j)  Tutup baguette berbentuk dengan kain bersih dan biarkan ia naik semula selama kira-kira 20-30 minit.
k)  Menggunakan pisau tajam atau pisau cukur, buat garisan pepenjuru di bahagian atas baguette. Ini membantu mereka mengembangkan dan mengembangkan rupa baguette klasik itu.
l)  Pindahkan baguette dengan berhati-hati ke dalam ketuhar yang telah dipanaskan, sama ada terus ke atas batu pembakar atau ke atas loyang yang panas. Berhati-hati semasa membuka ketuhar; ia panas!
m) Bakar selama kira-kira 25-30 minit, atau sehingga baguette berwarna perang keemasan dan bunyi berongga apabila diketuk di bahagian bawah.
n)  Biarkan baguette sejuk di atas rak dawai sebelum dihiris dan dihidangkan.
o)  Nikmati Gandum Penuh Multigrain Baguette buatan sendiri anda, penuh dengan kebaikan gandum dan pelbagai jenis bijirin!

## 55. Baguette Gandum Penuh Cheddar dan Kucai

**BAHAN-BAHAN:**
- 1 1/2 cawan air suam (110°F atau 45°C)
- 2 1/4 sudu teh yis kering aktif (1 paket)
- 1 sudu teh gula
- 3 1/2 cawan tepung gandum
- 1 1/2 sudu teh garam
- 1 sudu besar minyak zaitun
- 1 cawan keju cheddar tajam, parut
- 1/4 cawan daun kucai segar, dicincang
- Tepung jagung atau semolina (untuk habuk)

**ARAHAN:**
a) Dalam mangkuk kecil, satukan air suam, yis, dan gula. Biarkan selama kira-kira 5-10 minit sehingga adunan menjadi berbuih.
b) Dalam mangkuk adunan yang besar, satukan tepung gandum dan garam. Buat perigi di tengah adunan tepung.
c) Tuangkan campuran yis dan minyak zaitun ke dalam perigi dalam tepung.
d) Kacau bahan sehingga menjadi doh.
e) Uli doh di atas permukaan yang ditaburkan tepung selama kira-kira 8-10 minit sehingga menjadi licin dan anjal. Boleh tambah sedikit lagi tepung jika adunan terlalu likat.
f) Letakkan doh dalam mangkuk yang disapu sedikit minyak, tutupnya dengan kain bersih atau bungkus plastik, dan biarkan ia mengembang di tempat yang hangat dan bebas draf selama kira-kira 1 jam atau sehingga ia mengembang dua kali ganda.
g) Panaskan ketuhar anda hingga 450°F (230°C). Letakkan batu pembakar atau loyang terbalik di dalam ketuhar semasa ia dipanaskan terlebih dahulu. Jika anda mempunyai batu piza, ia sesuai untuk membakar baguette.
h) Tebuk doh dan bahagikan kepada dua bahagian yang sama.
i) Gulungkan setiap bahagian menjadi bentuk baguette yang panjang dan nipis. Anda boleh menggunakan tangan untuk membentuk doh atau melancarkannya di atas permukaan tepung dan kemudian memindahkannya ke dalam loyang atau kulit pizza yang ditaburi tepung jagung atau tepung semolina.

j)  Taburkan keju cheddar parut dan daun kucai yang dicincang rata di atas setiap baguette dan tekan perlahan-lahan ke dalam doh.
k)  Tutup baguette berbentuk dengan kain bersih dan biarkan ia naik semula selama kira-kira 20-30 minit.
l)  Menggunakan pisau tajam atau pisau cukur, buat garisan pepenjuru di bahagian atas baguette. Ini membantu mereka mengembangkan dan mengembangkan rupa baguette klasik itu.
m)  Pindahkan baguette dengan berhati-hati ke dalam ketuhar yang telah dipanaskan, sama ada terus ke atas batu pembakar atau ke atas loyang yang panas. Berhati-hati semasa membuka ketuhar; ia panas!
n)  Bakar selama kira-kira 25-30 minit, atau sehingga baguette berwarna perang keemasan dan bunyi berongga apabila diketuk di bahagian bawah.
o)  Biarkan baguette sejuk di atas rak dawai sebelum dihiris dan dihidangkan.
p)  Nikmati Cheddar dan Chive Gandum Penuh  Baguette buatan sendiri anda dengan kebaikan berperisa keju cheddar dan kucai segar!

## 56.Kranberi Macadamia Baguette

**BAHAN-BAHAN:**
- 1 1/2 cawan air suam (110°F atau 45°C)
- 2 1/4 sudu teh yis kering aktif (1 paket)
- 1 sudu teh gula
- 3 1/2 cawan tepung gandum
- 1 1/2 sudu teh garam
- 1/2 cawan Kranberi kering
- 1/2 cawan macadamia cincang
- 1 sudu besar minyak zaitun
- Tepung jagung atau semolina (untuk habuk)

**ARAHAN:**
a) Dalam mangkuk kecil, satukan air suam, yis, dan gula. Biarkan selama kira-kira 5-10 minit sehingga adunan menjadi berbuih.
b) Dalam mangkuk adunan yang besar, satukan tepung gandum dan garam. Buat perigi di tengah adunan tepung.
c) Tuangkan campuran yis dan minyak zaitun ke dalam perigi dalam tepung.
d) Kacau bahan sehingga menjadi doh.
e) Uli doh di atas permukaan yang ditaburkan tepung selama kira-kira 8-10 minit sehingga menjadi licin dan anjal. Boleh tambah sedikit lagi tepung jika adunan terlalu likat.
f) Letakkan doh dalam mangkuk yang disapu sedikit minyak, tutupnya dengan kain bersih atau bungkus plastik, dan biarkan ia mengembang di tempat yang hangat dan bebas draf selama kira-kira 1 jam atau sehingga ia mengembang dua kali ganda.
g) Panaskan ketuhar anda hingga 450°F (230°C). Letakkan batu pembakar atau loyang terbalik di dalam ketuhar semasa ia dipanaskan terlebih dahulu. Jika anda mempunyai batu piza, ia sesuai untuk membakar baguette.
h) Tebuk doh dan bahagikan kepada dua bahagian yang sama.
i) Gulungkan setiap bahagian menjadi bentuk baguette yang panjang dan nipis. Anda boleh menggunakan tangan untuk membentuk doh atau melancarkannya di atas permukaan tepung dan kemudian memindahkannya ke dalam loyang atau kulit pizza yang ditaburi tepung jagung atau tepung semolina.

j)  Taburkan Kranberi kering dan kacang cincang rata di atas setiap baguette dan tekan perlahan-lahan ke dalam doh.
k)  Tutup baguette berbentuk dengan kain bersih dan biarkan ia naik semula selama kira-kira 20-30 minit.
l)  Menggunakan pisau tajam atau pisau cukur, buat garisan pepenjuru di bahagian atas baguette. Ini membantu mereka mengembangkan dan mengembangkan rupa baguette klasik itu.
m)  Pindahkan baguette dengan berhati-hati ke dalam ketuhar yang telah dipanaskan, sama ada terus ke atas batu pembakar atau ke atas loyang yang panas. Berhati-hati semasa membuka ketuhar; ia panas!
n)  Bakar selama kira-kira 25-30 minit, atau sehingga baguette berwarna perang keemasan dan bunyi berongga apabila diketuk di bahagian bawah.
o)  Biarkan baguette sejuk di atas rak dawai sebelum dihiris dan dihidangkan.

# 57. Chocolate Chip Gandum Penuh Baguette

**BAHAN-BAHAN:**
- 1 1/2 cawan air suam (110°F atau 45°C)
- 2 1/4 sudu teh yis kering aktif (1 paket)
- 1/4 cawan gula
- 3 1/2 cawan tepung gandum
- 1 1/2 sudu teh garam
- 1/4 cawan serbuk koko tanpa gula
- 1/2 cawan cip coklat (separa manis atau gelap)
- 1/4 cawan minyak sayuran
- 1 sudu teh ekstrak vanila
- Tepung jagung atau semolina (untuk habuk)

**ARAHAN:**

a) Dalam mangkuk kecil, satukan air suam, yis, dan gula. Biarkan selama kira-kira 5-10 minit sehingga adunan menjadi berbuih.
b) Dalam mangkuk adunan yang besar, satukan tepung gandum, serbuk koko dan garam.
c) Buat perigi di tengah adunan tepung.
d) Tuangkan campuran yis, minyak sayuran, dan ekstrak vanila ke dalam perigi dalam tepung.
e) Kacau bahan sehingga menjadi doh.
f) Uli doh di atas permukaan yang ditaburkan tepung selama kira-kira 8-10 minit sehingga menjadi licin dan anjal. Boleh tambah sedikit lagi tepung jika adunan terlalu likat.
g) Letakkan doh dalam mangkuk yang disapu sedikit minyak, tutupnya dengan kain bersih atau bungkus plastik, dan biarkan ia mengembang di tempat yang hangat dan bebas draf selama kira-kira 1 jam atau sehingga ia mengembang dua kali ganda.
h) Panaskan ketuhar anda kepada 375°F (190°C). Letakkan lembaran penaik di dalam ketuhar semasa ia dipanaskan terlebih dahulu.
i) Tumbuk doh dan masukkan cip coklat. Uli doh untuk mengagihkan cip coklat secara sekata.
j) Canai doh menjadi bentuk baguette yang panjang dan nipis. Anda boleh menggunakan tangan untuk membentuk doh atau canai di atas permukaan yang ditaburkan tepung.
k) Taburkan lembaran pembakar panas dengan tepung jagung atau tepung semolina, dan kemudian pindahkan baguette ke helaian.
l) Menggunakan pisau tajam atau pisau cukur, buat beberapa garisan cetek di bahagian atas baguette untuk hiasan.
m) Bakar selama kira-kira 25-30 minit, atau sehingga baguette padat dan berbunyi kosong apabila diketuk di bahagian bawah.
n) Biarkan baguette sejuk di atas rak dawai sebelum dihiris dan dihidangkan.
o) Nikmati Chocolate Chip Gandum Penuh  Baguette anda yang unik dan manis! Ia adalah gabungan roti dan coklat yang menarik, sesuai untuk mereka yang mempunyai gigi manis.

## 58. Baguette Gandum Seluruh Biji Popi Badam

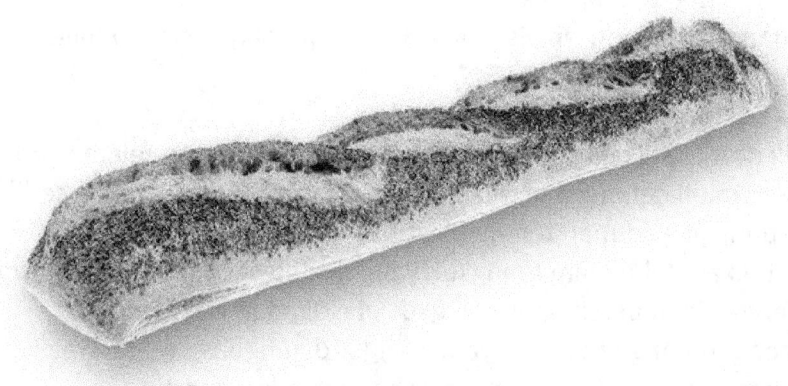

**BAHAN-BAHAN:**
- 1 1/2 cawan air suam (110°F atau 45°C)
- 2 1/4 sudu teh yis kering aktif (1 paket)
- 1/4 cawan gula
- 3 1/2 cawan tepung gandum
- 1 1/2 sudu teh garam
- 1/4 cawan tepung badam (badam dikisar halus)
- 2 sudu besar biji popia
- 1/4 cawan minyak sayuran
- 1 sudu teh ekstrak badam
- 1/2 cawan hirisan badam (untuk topping)
- Tepung jagung atau semolina (untuk habuk)

**ARAHAN:**

a) Dalam mangkuk kecil, satukan air suam, yis, dan gula. Biarkan selama kira-kira 5-10 minit sehingga adunan menjadi berbuih.
b) Dalam mangkuk adunan yang besar, satukan tepung gandum, tepung badam, biji popi dan garam.
c) Buat perigi di tengah adunan tepung.
d) Tuangkan campuran yis, minyak sayuran, dan ekstrak badam ke dalam perigi dalam tepung.
e) Kacau bahan sehingga menjadi doh.
f) Uli doh di atas permukaan yang ditaburkan tepung selama kira-kira 8-10 minit sehingga menjadi licin dan anjal. Boleh tambah sedikit lagi tepung jika adunan terlalu likat.
g) Letakkan doh dalam mangkuk yang disapu sedikit minyak, tutupnya dengan kain bersih atau bungkus plastik, dan biarkan ia mengembang di tempat yang hangat dan bebas draf selama kira-kira 1 jam atau sehingga ia mengembang dua kali ganda.
h) Panaskan ketuhar anda kepada 375°F (190°C). Letakkan lembaran penaik di dalam ketuhar semasa ia dipanaskan terlebih dahulu.
i) Tebuk doh dan bentukkan menjadi bentuk baguette yang panjang dan nipis. Anda boleh menggunakan tangan untuk membentuk doh atau canai di atas permukaan yang ditaburkan tepung.
j) Taburkan lembaran pembakar panas dengan tepung jagung atau tepung semolina, dan kemudian pindahkan baguette ke helaian.
k) Taburkan badam yang dihiris di atas baguette, tekan perlahan-lahan ke dalam doh.
l) Menggunakan pisau tajam atau pisau cukur, buat beberapa garisan cetek di bahagian atas baguette untuk hiasan.
m) Bakar selama kira-kira 25-30 minit, atau sehingga baguette padat dan berbunyi kosong apabila diketuk di bahagian bawah.
n) Biarkan baguette sejuk di atas rak dawai sebelum dihiris dan dihidangkan.
o) Nikmati Baguette Gandum Keseluruhan Biji Popi Badam yang lazat, dipenuhi dengan kebaikan kacang badam dan rasa halus biji popi!

## 59. Pesto dan Mozzarella Gandum Penuh Baguette

**BAHAN-BAHAN:**
- 1 1/2 cawan air suam (110°F atau 45°C)
- 2 1/4 sudu teh yis kering aktif (1 paket)
- 1 sudu teh gula
- 3 1/2 cawan tepung gandum
- 1 1/2 sudu teh garam
- 1/4 cawan sos pesto
- 1 cawan keju mozzarella, dicincang
- Tepung jagung atau semolina (untuk habuk)

**ARAHAN:**

a) Dalam mangkuk kecil, satukan air suam, yis, dan gula. Biarkan selama kira-kira 5-10 minit sehingga adunan menjadi berbuih.

b) Dalam mangkuk adunan yang besar, satukan tepung gandum dan garam. Buat perigi di tengah adunan tepung.

c) Tuangkan adunan yis ke dalam perigi dalam tepung.

d) Kacau bahan sehingga menjadi doh.

e) Uli doh di atas permukaan yang ditaburkan tepung selama kira-kira 8-10 minit sehingga menjadi licin dan anjal. Boleh tambah sedikit lagi tepung jika adunan terlalu likat.

f) Letakkan doh dalam mangkuk yang disapu sedikit minyak, tutupnya dengan kain bersih atau bungkus plastik, dan biarkan ia mengembang di tempat yang hangat dan bebas draf selama kira-kira 1 jam atau sehingga ia mengembang dua kali ganda.

g) Panaskan ketuhar anda hingga 450°F (230°C). Letakkan batu pembakar atau loyang terbalik di dalam ketuhar semasa ia dipanaskan terlebih dahulu. Jika anda mempunyai batu piza, ia sesuai untuk membakar baguette.

h) Tebuk doh dan bahagikan kepada dua bahagian yang sama.

i) Gulungkan setiap bahagian menjadi bentuk baguette yang panjang dan nipis. Anda boleh menggunakan tangan untuk membentuk doh atau melancarkannya di atas permukaan tepung dan kemudian memindahkannya ke dalam loyang atau kulit pizza yang ditaburi tepung jagung atau tepung semolina.

j) Sapukan sos pesto secara merata ke atas setiap baguette.

k) Taburkan keju mozzarella yang dicincang di atas pesto.

l)  Tutup baguette berbentuk dengan kain bersih dan biarkan ia naik semula selama kira-kira 20-30 minit.
m) Menggunakan pisau tajam atau pisau cukur, buat garisan pepenjuru di bahagian atas baguette. Ini membantu mereka mengembangkan dan mengembangkan rupa baguette klasik itu.
n)  Pindahkan baguette dengan berhati-hati ke dalam ketuhar yang telah dipanaskan, sama ada terus ke atas batu pembakar atau ke atas loyang yang panas. Berhati-hati semasa membuka ketuhar; ia panas!
o)  Bakar selama kira-kira 25-30 minit, atau sehingga baguette berwarna perang keemasan dan bunyi berongga apabila diketuk di bahagian bawah.
p)  Biarkan baguette sejuk di atas rak dawai sebelum dihiris dan dihidangkan.
q)  Nikmati Pesto dan Mozzarella Gandum Penuh   Baguette buatan sendiri anda, dengan perisa pesto dan keju mozzarella yang melekit!

# 60. Jalapeño Gandum Penuh Baguette

**BAHAN-BAHAN:**
- 1 1/2 cawan air suam (110°F atau 45°C)
- 2 1/4 sudu teh yis kering aktif (1 paket)
- 1 sudu teh gula
- 3 1/2 cawan tepung gandum
- 1 1/2 sudu teh garam
- 2 lada jalapeno, dibiji dan dicincang halus
- 1 sudu besar minyak zaitun
- Tepung jagung atau semolina (untuk habuk)

**ARAHAN:**
a) Dalam mangkuk kecil, satukan air suam, yis, dan gula. Biarkan selama kira-kira 5-10 minit sehingga adunan menjadi berbuih.
b) Dalam mangkuk adunan yang besar, satukan tepung gandum dan garam. Buat perigi di tengah adunan tepung.
c) Tuangkan campuran yis dan minyak zaitun ke dalam perigi dalam tepung.
d) Kacau bahan sehingga menjadi doh.
e) Uli doh di atas permukaan yang ditaburkan tepung selama kira-kira 8-10 minit sehingga menjadi licin dan anjal. Boleh tambah sedikit lagi tepung jika adunan terlalu likat.
f) Letakkan doh dalam mangkuk yang disapu sedikit minyak, tutupnya dengan kain bersih atau bungkus plastik, dan biarkan ia mengembang di tempat yang hangat dan bebas draf selama kira-kira 1 jam atau sehingga ia mengembang dua kali ganda.
g) Panaskan ketuhar anda hingga 450°F (230°C). Letakkan batu pembakar atau loyang terbalik di dalam ketuhar semasa ia dipanaskan terlebih dahulu. Jika anda mempunyai batu piza, ia sesuai untuk membakar baguette.
h) Tebuk doh dan bahagikan kepada dua bahagian yang sama.
i) Gulungkan setiap bahagian menjadi bentuk baguette yang panjang dan nipis. Anda boleh menggunakan tangan untuk membentuk doh atau melancarkannya di atas permukaan tepung dan kemudian memindahkannya ke dalam loyang atau kulit pizza yang ditaburi tepung jagung atau tepung semolina.
j) Taburkan lada jalapeno yang dicincang halus secara rata di atas setiap baguette dan tekan perlahan-lahan ke dalam doh.

k) Tutup baguette berbentuk dengan kain bersih dan biarkan ia naik semula selama kira-kira 20-30 minit.
l) Menggunakan pisau tajam atau pisau cukur, buat garisan pepenjuru di bahagian atas baguette. Ini membantu mereka mengembangkan dan mengembangkan rupa baguette klasik itu.
m) Pindahkan baguette dengan berhati-hati ke dalam ketuhar yang telah dipanaskan, sama ada terus ke atas batu pembakar atau ke atas loyang yang panas. Berhati-hati semasa membuka ketuhar; ia panas!
n) Bakar selama kira-kira 25-30 minit, atau sehingga baguette berwarna perang keemasan dan bunyi berongga apabila diketuk di bahagian bawah.
o) Biarkan baguette sejuk di atas rak dawai sebelum dihiris dan dihidangkan.
p) Nikmati Jalapeño Gandum Penuh Baguette buatan sendiri anda, dengan rasa pedas!

# 61. Baguette Gandum Penuh Ara dan Brie

**BAHAN-BAHAN:**
- 1 1/2 cawan air suam (110°F atau 45°C)
- 2 1/4 sudu teh yis kering aktif (1 paket)
- 1 sudu teh gula
- 3 1/2 cawan tepung gandum
- 1 1/2 sudu teh garam
- 1/2 cawan buah ara kering, dicincang
- 4 oz keju Brie, dihiris atau dipotong dadu
- 1 sudu besar minyak zaitun
- Tepung jagung atau semolina (untuk habuk)

**ARAHAN:**

a) Dalam mangkuk kecil, satukan air suam, yis, dan gula. Biarkan selama kira-kira 5-10 minit sehingga adunan menjadi berbuih.

b) Dalam mangkuk adunan yang besar, satukan tepung gandum dan garam. Buat perigi di tengah adunan tepung.

c) Tuangkan campuran yis dan minyak zaitun ke dalam perigi dalam tepung.

d) Kacau bahan sehingga menjadi doh.

e) Uli doh di atas permukaan yang ditaburkan tepung selama kira-kira 8-10 minit sehingga menjadi licin dan anjal. Boleh tambah sedikit lagi tepung jika adunan terlalu likat.

f) Letakkan doh dalam mangkuk yang disapu sedikit minyak, tutupnya dengan kain bersih atau bungkus plastik, dan biarkan ia mengembang di tempat yang hangat dan bebas draf selama kira-kira 1 jam atau sehingga ia mengembang dua kali ganda.

g) Panaskan ketuhar anda hingga 450°F (230°C). Letakkan batu pembakar atau loyang terbalik di dalam ketuhar semasa ia dipanaskan terlebih dahulu. Jika anda mempunyai batu piza, ia sesuai untuk membakar baguette.

h) Tebuk doh dan bahagikan kepada dua bahagian yang sama.

i) Gulungkan setiap bahagian menjadi bentuk baguette yang panjang dan nipis. Anda boleh menggunakan tangan untuk membentuk doh atau melancarkannya di atas permukaan tepung dan kemudian memindahkannya ke dalam loyang atau kulit pizza yang ditaburi tepung jagung atau tepung semolina.

j)  Tekan buah tin kering yang dicincang dan hirisan keju Brie atau kiub ke dalam doh secara sekata.
k)  Tutup baguette berbentuk dengan kain bersih dan biarkan ia naik semula selama kira-kira 20-30 minit.
l)  Menggunakan pisau tajam atau pisau cukur, buat garisan pepenjuru di bahagian atas baguette. Ini membantu mereka mengembangkan dan mengembangkan rupa baguette klasik itu.
m) Pindahkan baguette dengan berhati-hati ke dalam ketuhar yang telah dipanaskan, sama ada terus ke atas batu pembakar atau ke atas loyang yang panas. Berhati-hati semasa membuka ketuhar; ia panas!
n)  Bakar selama kira-kira 25-30 minit, atau sehingga baguette berwarna perang keemasan dan bunyi berongga apabila diketuk di bahagian bawah.
o)  Biarkan baguette sejuk di atas rak dawai sebelum dihiris dan dihidangkan.
p)  Nikmati Fig and Brie Gandum Penuh   Baguette buatan sendiri anda dengan gabungan buah tin manis dan keju Brie berkrim yang menarik!

## 62. Baguette Gandum Penuh Walnut Kranberi

**BAHAN-BAHAN:**
- 1 1/2 cawan air suam (110°F atau 45°C)
- 2 1/4 sudu teh yis kering aktif (1 paket)
- 1 sudu teh gula
- 3 1/2 cawan tepung gandum
- 1 1/2 sudu teh garam
- 1/2 cawan Kranberi kering
- 1/2 cawan walnut cincang
- 1 sudu besar minyak zaitun
- Tepung jagung atau semolina (untuk habuk)

**ARAHAN:**
a) Dalam mangkuk kecil, satukan air suam, yis, dan gula. Biarkan selama kira-kira 5-10 minit sehingga adunan menjadi berbuih.
b) Dalam mangkuk adunan yang besar, satukan tepung gandum dan garam. Buat perigi di tengah adunan tepung.
c) Tuangkan campuran yis dan minyak zaitun ke dalam perigi dalam tepung.
d) Kacau bahan sehingga menjadi doh.
e) Uli doh di atas permukaan yang ditaburkan tepung selama kira-kira 8-10 minit sehingga menjadi licin dan anjal. Boleh tambah sedikit lagi tepung jika adunan terlalu likat.
f) Letakkan doh dalam mangkuk yang disapu sedikit minyak, tutupnya dengan kain bersih atau bungkus plastik, dan biarkan ia mengembang di tempat yang hangat dan bebas draf selama kira-kira 1 jam atau sehingga ia mengembang dua kali ganda.
g) Panaskan ketuhar anda hingga 450°F (230°C). Letakkan batu pembakar atau loyang terbalik di dalam ketuhar semasa ia dipanaskan terlebih dahulu. Jika anda mempunyai batu piza, ia sesuai untuk membakar baguette.
h) Tebuk doh dan bahagikan kepada dua bahagian yang sama.
i) Gulungkan setiap bahagian menjadi bentuk baguette yang panjang dan nipis. Anda boleh menggunakan tangan untuk membentuk doh atau melancarkannya di atas permukaan tepung dan kemudian memindahkannya ke dalam loyang atau kulit pizza yang ditaburi tepung jagung atau tepung semolina.

j)  Taburkan Kranberi kering dan walnut cincang rata di atas setiap baguette dan tekan perlahan-lahan ke dalam doh.
k)  Tutup baguette berbentuk dengan kain bersih dan biarkan ia naik semula selama kira-kira 20-30 minit.
l)  Menggunakan pisau tajam atau pisau cukur, buat garisan pepenjuru di bahagian atas baguette. Ini membantu mereka mengembangkan dan mengembangkan rupa baguette klasik itu.
m)  Pindahkan baguette dengan berhati-hati ke dalam ketuhar yang telah dipanaskan, sama ada terus ke atas batu pembakar atau ke atas loyang yang panas. Berhati-hati semasa membuka ketuhar; ia panas!
n)  Bakar selama kira-kira 25-30 minit, atau sehingga baguette berwarna perang keemasan dan bunyi berongga apabila diketuk di bahagian bawah.
o)  Biarkan baguette sejuk di atas rak dawai sebelum dihiris dan dihidangkan.

## 63. Kismis Kayu Manis Baguette Gandum Seluruh

**BAHAN-BAHAN:**
- 1 1/2 cawan air suam (110°F atau 45°C)
- 2 1/4 sudu teh yis kering aktif (1 paket)
- 1/4 cawan gula
- 3 1/2 cawan tepung gandum
- 1 1/2 sudu teh garam
- 1/2 cawan kismis
- 2 sudu teh kayu manis tanah
- 1 sudu besar minyak zaitun
- Tepung jagung atau semolina (untuk habuk)

**ARAHAN:**

a) Dalam mangkuk kecil, satukan air suam, yis, dan gula. Biarkan selama kira-kira 5-10 minit sehingga adunan menjadi berbuih.

b) Dalam mangkuk adunan yang besar, satukan tepung gandum, garam dan kayu manis yang dikisar. Buat perigi di tengah adunan tepung.

c) Tuangkan campuran yis dan minyak zaitun ke dalam perigi dalam tepung.

d) Kacau bahan sehingga menjadi doh.

e) Uli doh di atas permukaan yang ditaburkan tepung selama kira-kira 8-10 minit sehingga menjadi licin dan anjal. Boleh tambah sedikit lagi tepung jika adunan terlalu likat.

f) Letakkan doh dalam mangkuk yang disapu sedikit minyak, tutupnya dengan kain bersih atau bungkus plastik, dan biarkan ia mengembang di tempat yang hangat dan bebas draf selama kira-kira 1 jam atau sehingga ia mengembang dua kali ganda.

g) Panaskan ketuhar anda hingga 450°F (230°C). Letakkan batu pembakar atau loyang terbalik di dalam ketuhar semasa ia dipanaskan terlebih dahulu. Jika anda mempunyai batu piza, ia sesuai untuk membakar baguette.

h) Tebuk doh dan bahagikan kepada dua bahagian yang sama.

i) Gulungkan setiap bahagian menjadi bentuk baguette yang panjang dan nipis. Anda boleh menggunakan tangan untuk membentuk doh atau melancarkannya di atas permukaan tepung dan kemudian memindahkannya ke dalam loyang atau kulit pizza yang ditaburi tepung jagung atau tepung semolina.

j)  Taburkan kismis secara rata di atas setiap baguette dan tekan perlahan-lahan ke dalam doh.
k)  Tutup baguette berbentuk dengan kain bersih dan biarkan ia naik semula selama kira-kira 20-30 minit.
l)  Menggunakan pisau tajam atau pisau cukur, buat garisan pepenjuru di bahagian atas baguette. Ini membantu mereka mengembangkan dan mengembangkan rupa baguette klasik itu.
m)  Pindahkan baguette dengan berhati-hati ke dalam ketuhar yang telah dipanaskan, sama ada terus ke atas batu pembakar atau ke atas loyang yang panas. Berhati-hati semasa membuka ketuhar; ia panas!
n)  Bakar selama kira-kira 25-30 minit, atau sehingga baguette berwarna perang keemasan dan bunyi berongga apabila diketuk di bahagian bawah.
o)  Biarkan baguette sejuk di atas rak dawai sebelum dihiris dan dihidangkan.

# BAGUET BEBAS GLUTEN

# 64. Baguette Tepung Badam

**BAHAN-BAHAN:**
- 2 cawan tepung badam
- 1/2 cawan tepung kelapa
- 2 1/4 sudu teh yis kering aktif (1 paket)
- 1 sudu teh garam
- 1 1/2 cawan air suam
- 1 sudu besar madu (atau pemanis pilihan anda)
- 2 sudu besar minyak zaitun
- 1 sudu teh xanthan gum (pilihan)

**ARAHAN:**
a)  Dalam mangkuk adunan besar, satukan tepung badam, tepung kelapa, yis kering aktif dan garam. Campurkan mereka bersama-sama dengan baik.

b)  Dalam mangkuk yang berasingan, campurkan air suam, madu (atau pemanis pilihan anda), dan minyak zaitun. Kacau sehingga madu larut.

c)  Tuang adunan basah ke dalam bahan kering dan gaul sebati sehingga menjadi doh. Jika mahu, anda boleh menambah gusi xanthan pada ketika ini untuk tekstur yang lebih baik, tetapi ia adalah pilihan.

d)  Setelah adunan sebati, bentukkan ia dalam bentuk baguette di atas loyang yang telah dialas dengan kertas parchment.

e)  Panaskan ketuhar anda hingga 350°F (175°C).

f)  Biarkan baguette mengembang selama kira-kira 20 minit. Anda boleh menutupnya dengan tuala dapur yang bersih pada masa ini.

g)  Selepas tempoh meningkat, bakar baguette dalam ketuhar yang telah dipanaskan selama kira-kira 35-40 minit, atau sehingga bahagian luarnya berwarna perang keemasan dan berbunyi kosong apabila anda mengetuknya.

h)  Biarkan baguette sejuk sebelum dihiris dan dihidangkan.

# 65. Baguette Tepung Ubi Kayu

**BAHAN-BAHAN:**
- 2 cawan tepung ubi kayu
- 1 cawan tepung ubi kayu
- 2 1/4 sudu teh yis kering aktif (1 paket)
- 1 sudu teh garam
- 1 1/2 cawan air suam
- 1 sudu besar gula
- 2 sudu besar minyak zaitun
- 1 sudu teh xanthan gum (pilihan)

**ARAHAN:**

a) Dalam mangkuk adunan yang besar, satukan tepung ubi kayu, tepung ubi kayu, yis kering aktif dan garam. Campurkan mereka bersama-sama dengan teliti.

b) Dalam mangkuk yang berasingan, campurkan air suam, gula, dan minyak zaitun. Kacau sehingga gula larut sepenuhnya.

c) Tuang adunan basah ke dalam mangkuk bersama bahan kering dan gaul sebati sehingga menjadi doh. Jika anda mahu, anda boleh menambah gusi xanthan pada ketika ini untuk tekstur yang lebih baik, tetapi ia adalah pilihan.

d) Setelah adunan sebati, bentukkan ia menjadi baguette di atas loyang yang telah dialas dengan kertas parchment.

e) Panaskan ketuhar anda hingga 350°F (175°C).

f) Biarkan baguette mengembang selama kira-kira 20 minit. Anda boleh menutupnya dengan tuala dapur yang bersih pada masa ini.

g) Selepas tempoh meningkat, bakar baguette dalam ketuhar yang telah dipanaskan selama kira-kira 35-40 minit, atau sehingga bahagian luarnya berwarna perang keemasan dan berbunyi kosong apabila anda mengetuknya.

h) Biarkan baguette sejuk sebelum dihiris dan dihidangkan.

# 66. Baguette Tepung Chickpea

**BAHAN-BAHAN:**
- 2 cawan tepung kacang
- 1/2 cawan kanji kentang
- 2 1/4 sudu teh yis kering aktif (1 paket)
- 1 sudu teh garam
- 1 1/2 cawan air suam
- 1 sudu besar gula
- 2 sudu besar minyak zaitun
- 1 sudu teh xanthan gum (pilihan)

**ARAHAN:**

a) Dalam mangkuk adunan yang besar, satukan tepung kacang ayam, kanji kentang, yis kering aktif dan garam. Campurkan mereka bersama-sama dengan teliti.

b) Dalam mangkuk yang berasingan, campurkan air suam, gula, dan minyak zaitun. Kacau sehingga gula larut sepenuhnya.

c) Tuang adunan basah ke dalam mangkuk bersama bahan kering dan gaul sebati sehingga menjadi doh. Jika anda mahu, anda boleh menambah gusi xanthan pada ketika ini untuk tekstur yang lebih baik, tetapi ia adalah pilihan.

d) Setelah adunan sebati, bentukkan ia menjadi baguette di atas loyang yang telah dialas dengan kertas parchment.

e) Panaskan ketuhar anda hingga 350°F (175°C).

f) Biarkan baguette mengembang selama kira-kira 20 minit. Anda boleh menutupnya dengan tuala dapur yang bersih pada masa ini.

g) Selepas tempoh meningkat, bakar baguette dalam ketuhar yang telah dipanaskan selama kira-kira 35-40 minit, atau sehingga bahagian luarnya berwarna perang keemasan dan berbunyi kosong apabila anda mengetuknya.

h) Biarkan baguette sejuk sebelum dihiris dan dihidangkan.

# 67. Tepung Beras Baguette

**BAHAN-BAHAN:**
- 2 cawan tepung beras putih
- 1 cawan tepung beras manis (tepung pulut)
- 2 1/4 sudu teh yis kering aktif (1 paket)
- 1 sudu teh garam
- 1 1/2 cawan air suam
- 1 sudu besar gula
- 2 sudu besar minyak zaitun
- 1 sudu teh xanthan gum (pilihan)

**ARAHAN:**

a) Dalam mangkuk adunan besar, satukan tepung beras putih, tepung beras manis (tepung pulut), yis kering aktif dan garam. Campurkan mereka bersama-sama dengan teliti.

b) Dalam mangkuk yang berasingan, campurkan air suam, gula, dan minyak zaitun. Kacau sehingga gula larut sepenuhnya.

c) Tuang adunan basah ke dalam mangkuk bersama bahan kering dan gaul sebati sehingga menjadi doh. Jika anda mahu, anda boleh menambah gusi xanthan pada ketika ini untuk tekstur yang lebih baik, tetapi ia adalah pilihan.

d) Setelah adunan sebati, bentukkan ia menjadi baguette di atas loyang yang telah dialas dengan kertas parchment.

e) Panaskan ketuhar anda hingga 350°F (175°C).

f) Biarkan baguette mengembang selama kira-kira 20 minit. Anda boleh menutupnya dengan tuala dapur yang bersih pada masa ini.

g) Selepas tempoh meningkat, bakar baguette dalam ketuhar yang telah dipanaskan selama kira-kira 35-40 minit, atau sehingga bahagian luarnya berwarna perang keemasan dan berbunyi kosong apabila anda mengetuknya.

h) Biarkan baguette sejuk sebelum dihiris dan dihidangkan.

# 68. Baguette Tepung Soba

**BAHAN-BAHAN:**
- 2 cawan tepung soba
- 1 cawan tepung beras perang
- 2 1/4 sudu teh yis kering aktif (1 paket)
- 1 sudu teh garam
- 1 1/2 cawan air suam
- 1 sudu besar madu (atau pemanis pilihan anda)
- 2 sudu besar minyak zaitun
- 1 sudu teh xanthan gum (pilihan)

**ARAHAN:**

a) Dalam mangkuk adunan yang besar, satukan tepung soba, tepung beras perang, yis kering aktif dan garam. Campurkan mereka bersama-sama dengan teliti.

b) Dalam mangkuk yang berasingan, campurkan air suam, madu (atau pemanis pilihan anda), dan minyak zaitun. Kacau sehingga madu larut sepenuhnya.

c) Tuang adunan basah ke dalam mangkuk bersama bahan kering dan gaul sebati sehingga menjadi doh. Jika anda mahu, anda boleh menambah gusi xanthan pada ketika ini untuk tekstur yang lebih baik, tetapi ia adalah pilihan.

d) Setelah adunan sebati, bentukkan ia menjadi baguette di atas loyang yang telah dialas dengan kertas parchment.

e) Panaskan ketuhar anda hingga 350°F (175°C).

f) Biarkan baguette mengembang selama kira-kira 20 minit. Anda boleh menutupnya dengan tuala dapur yang bersih pada masa ini.

g) Selepas tempoh meningkat, bakar baguette dalam ketuhar yang telah dipanaskan selama kira-kira 35-40 minit, atau sehingga bahagian luarnya berwarna perang keemasan dan berbunyi kosong apabila anda mengetuknya.

h) Biarkan baguette sejuk sebelum dihiris dan dihidangkan.

# 69. Baguette Tepung Teff

**BAHAN-BAHAN:**
- 2 cawan tepung teff
- 1 cawan tepung ubi kayu
- 2 1/4 sudu teh yis kering aktif (1 paket)
- 1 sudu teh garam
- 1 1/2 cawan air suam
- 1 sudu besar gula
- 2 sudu besar minyak zaitun
- 1 sudu teh xanthan gum (pilihan)

**ARAHAN:**

a) Dalam mangkuk adunan yang besar, satukan tepung teff, tepung ubi kayu, yis kering aktif dan garam. Campurkan mereka bersama-sama dengan teliti.

b) Dalam mangkuk yang berasingan, campurkan air suam, gula, dan minyak zaitun. Kacau sehingga gula larut sepenuhnya.

c) Tuang adunan basah ke dalam mangkuk bersama bahan kering dan gaul sebati sehingga menjadi doh. Jika anda mahu, anda boleh menambah gusi xanthan pada ketika ini untuk tekstur yang lebih baik, tetapi ia adalah pilihan.

d) Setelah adunan sebati, bentukkan ia menjadi baguette di atas loyang yang telah dialas dengan kertas parchment.

e) Panaskan ketuhar anda hingga 350°F (175°C).

f) Biarkan baguette mengembang selama kira-kira 20 minit. Anda boleh menutupnya dengan tuala dapur yang bersih pada masa ini.

g) Selepas tempoh meningkat, bakar baguette dalam ketuhar yang telah dipanaskan selama kira-kira 35-40 minit, atau sehingga bahagian luarnya berwarna perang keemasan dan berbunyi kosong apabila anda mengetuknya.

h) Biarkan baguette sejuk sebelum dihiris dan dihidangkan.

# 70. Baguette Tepung Sorghum

**BAHAN-BAHAN:**
- 2 cawan tepung sorgum
- 1 cawan kanji kentang
- 2 1/4 sudu teh yis kering aktif (1 paket)
- 1 sudu teh garam
- 1 1/2 cawan air suam
- 1 sudu besar gula
- 2 sudu besar minyak zaitun
- 1 sudu teh xanthan gum (pilihan)

**ARAHAN:**

a) Dalam mangkuk adunan yang besar, satukan tepung sorgum, kanji kentang, yis kering aktif dan garam. Campurkan mereka bersama-sama dengan teliti.

b) Dalam mangkuk yang berasingan, campurkan air suam, gula, dan minyak zaitun. Kacau sehingga gula larut sepenuhnya.

c) Tuang adunan basah ke dalam mangkuk bersama bahan kering dan gaul sebati sehingga menjadi doh. Jika anda mahu, anda boleh menambah gusi xanthan pada ketika ini untuk tekstur yang lebih baik, tetapi ia adalah pilihan.

d) Setelah adunan sebati, bentukkan ia menjadi baguette di atas loyang yang telah dialas dengan kertas parchment.

e) Panaskan ketuhar anda hingga 350°F (175°C).

f) Biarkan baguette mengembang selama kira-kira 20 minit. Anda boleh menutupnya dengan tuala dapur yang bersih pada masa ini.

g) Selepas tempoh meningkat, bakar baguette dalam ketuhar yang telah dipanaskan selama kira-kira 35-40 minit, atau sehingga bahagian luarnya berwarna perang keemasan dan berbunyi kosong apabila anda mengetuknya.

h) Biarkan baguette sejuk sebelum dihiris dan dihidangkan.

# BAGUET SUMBIT DAN SANDWICH

## 71. Baguette Sumbat Caprese

**BAHAN-BAHAN:**
- 1 baguette
- 8 auns mozzarella segar, dihiris
- 1 cawan tomato ceri, dibelah dua
- Daun selasih segar
- Sayu balsamic

**ARAHAN:**
a) Potong baguette separuh memanjang.
b) Lubangkan bahagian dalam baguette untuk mencipta ruang untuk mengisi.
c) Lapiskan mozzarella segar, tomato ceri, dan daun selasih di dalam baguette.
d) Gerimis dengan sayu balsamic.
e) Letakkan separuh lagi baguette di atas dan tekan perlahan-lahan.
f) Hiris dan hidangkan.

## 72. Baguette Sumbat Bayam dan Articok

**BAHAN-BAHAN:**
- 1 baguette
- 1 (10 auns) bungkusan bayam beku, dicairkan dan diperah kering
- 1 (14 auns) tin jantung articok, toskan dan cincang
- 1 cawan mayonis
- 1 cawan keju Parmesan parut
- 1 cawan keju mozzarella yang dicincang
- 2 ulas bawang putih, dikisar

**ARAHAN:**
a) Panaskan ketuhar anda hingga 350°F (175°C).
b) Potong baguette separuh memanjang dan lubangkan bahagian dalam.
c) Dalam mangkuk adunan, satukan bayam, hati articok yang dicincang, mayonis, keju Parmesan, keju mozzarella dan bawang putih cincang.
d) Masukkan adunan ke dalam baguette yang telah dilubangkan.
e) Balut baguette yang disumbat dalam kerajang aluminium dan bakar selama kira-kira 25-30 minit, atau sehingga isinya panas dan berbuih.
f) Buka bungkus, hiris dan hidangkan.

## 73. Baguette Sumbat Mediterranean

**BAHAN-BAHAN:**
- 1 baguette
- Hummus
- Lada merah panggang, dihiris
- Zaitun (Kalamata atau hitam), dihiris
- Keju feta, hancur
- arugula segar

**ARAHAN:**
a) Potong baguette separuh memanjang.
b) Sebarkan lapisan hummus yang banyak di kedua-dua belah.
c) Lapiskan lada merah panggang, buah zaitun dan keju feta yang hancur pada sebelah baguette.
d) Teratas dengan arugula segar.
e) Letakkan separuh lagi baguette di atas dan tekan perlahan-lahan.
f) Hiris dan hidangkan.

## 74. Baguette Sumbat Bebola Daging Itali

**BAHAN-BAHAN:**
- 1 baguette
- Bebola daging mini (dimasak)
- sos marinara
- Keju mozzarella, dicincang

**ARAHAN:**
a) Potong baguette separuh memanjang.
b) Panaskan bebola daging mini dan sos marinara dalam periuk.
c) Sudukan bebola daging dan sos ke dalam baguette.
d) Taburkan dengan keju mozzarella yang dicincang.
e) Letakkan separuh lagi baguette di atas dan tekan perlahan-lahan.
f) Hiris dan hidangkan.

## 75.Baguette Sumbat Udang Cajun

**BAHAN-BAHAN:**
- 1 baguette
- 1 paun udang besar, dikupas dan dikeringkan
- 2 sudu besar perasa Cajun
- 2 sudu besar mentega
- 1/2 cawan mayonis
- 2 ulas bawang putih, dikisar
- 1 sudu besar jus limau
- Daun salad yang dihiris
- Tomato yang dihiris

**ARAHAN:**
a) Potong baguette separuh memanjang.
b) Gaulkan udang dengan perasa Cajun.
c) Dalam kuali, cairkan mentega dan tumis udang sehingga masak, kira-kira 2-3 minit setiap sisi.
d) Dalam mangkuk kecil, campurkan mayonis, bawang putih cincang, dan jus limau.
e) Sapukan bawang putih mayo di bahagian dalam baguette.
f) Lapiskan udang yang telah dimasak di bahagian bawah baguette.
g) Teratas dengan hirisan daun salad dan tomato.
h) Letakkan separuh lagi baguette di atas dan tekan perlahan-lahan.
i) Hiris dan hidangkan.

## 76. Baguette Sumbat Babi Tarik BBQ

**BAHAN-BAHAN:**
- 1 baguette
- 2 cawan daging babi yang ditarik
- 1 cawan coleslaw
- sos BBQ

**ARAHAN:**
a) Potong baguette separuh memanjang.
b) Panaskan daging babi yang ditarik.
c) Isikan baguette dengan daging babi yang ditarik hangat.
d) Teratas dengan coleslaw.
e) Siram dengan sos BBQ.
f) Letakkan separuh lagi baguette di atas dan tekan perlahan-lahan.
g) Hiris dan hidangkan.

## 77. Ayam Caesar Sumbat Baguette

**BAHAN-BAHAN:**
- 1 baguette
- Dada ayam panggang, dihiris
- Selada romaine, dicincang
- berpakaian Caesar
- Keju Parmesan parut

**ARAHAN:**
a) Potong baguette separuh memanjang.
b) Sapukan dressing Caesar pada kedua-dua belah baguette.
c) Lapiskan hirisan ayam panggang di bahagian bawah.
d) Teratas dengan salad romaine cincang dan keju Parmesan parut.
e) Letakkan separuh lagi baguette di atas dan tekan perlahan-lahan.
f) Hiris dan hidangkan.

## 78. Baguette Sumbat Taco

**BAHAN-BAHAN:**
- 1 baguette
- Daging lembu atau ayam belanda yang dikisar, dimasak dan diperisakan dengan perasa taco
- Salsa
- Guacamole
- Krim masam
- Daun salad yang dicincang
- Tomato potong dadu

**ARAHAN:**
a) Potong baguette separuh memanjang.
b) Isi dengan daging lembu atau ayam belanda yang telah dimasak dan dibumbui.
c) Teratas dengan salsa, guacamole, krim masam, daun salad yang dicincang dan tomato yang dipotong dadu.
d) Letakkan separuh lagi baguette di atas dan tekan perlahan-lahan.
e) Hiris dan hidangkan.

# 79. Daging Lembu Panggang dan Baguette Sumbat Lada

**BAHAN-BAHAN:**
- 1 baguette
- Daging panggang yang dihiris
- sos lobak pedas
- Keju Swiss, dihiris
- Bawang merah, hiris nipis
- Arugula

**ARAHAN:**
a) Potong baguette separuh memanjang.
b) Sapukan sos lobak pada kedua-dua belah baguette.
c) Lapiskan hirisan daging lembu panggang, keju Swiss, bawang merah dan arugula pada bahagian bawah.
d) Letakkan separuh lagi baguette di atas dan tekan perlahan-lahan.
e) Hiris dan hidangkan.

## 80. Baguette Sumbat Ayam Kerbau

**BAHAN-BAHAN:**
- 1 baguette
- Ayam masak dan cincang (diperasakan dengan sos kerbau)
- Pembalut keju biru
- Hiris saderi
- Bawang hijau dihiris

**ARAHAN:**
a) Potong baguette separuh memanjang.
b) Toskan ayam yang telah dimasak dan dicincang dalam sos kerbau.
c) Sapukan dressing keju biru pada kedua-dua belah baguette.
d) Lapiskan ayam kerbau di bahagian bawah.
e) Teratas dengan hirisan saderi dan bawang hijau.
f) Letakkan separuh lagi baguette di atas dan tekan perlahan-lahan.
g) Hiris dan hidangkan.

## 81. Baguette Sumbat Ayam Pesto

**BAHAN-BAHAN:**
- 1 baguette
- Dada ayam panggang, dihiris
- sos pesto
- Lada merah panggang dihiris
- Keju mozzarella, dicincang

**ARAHAN:**
a) Potong baguette separuh memanjang.
b) Sapukan sos pesto pada kedua-dua belah baguette.
c) Lapiskan hirisan ayam panggang di bahagian bawah.
d) Teratas dengan hirisan lada merah panggang dan keju mozzarella yang dicincang.
e) Letakkan separuh lagi baguette di atas dan tekan perlahan-lahan.
f) Hiris dan hidangkan.

## 82.Salmon salai dan Baguette Keju Krim

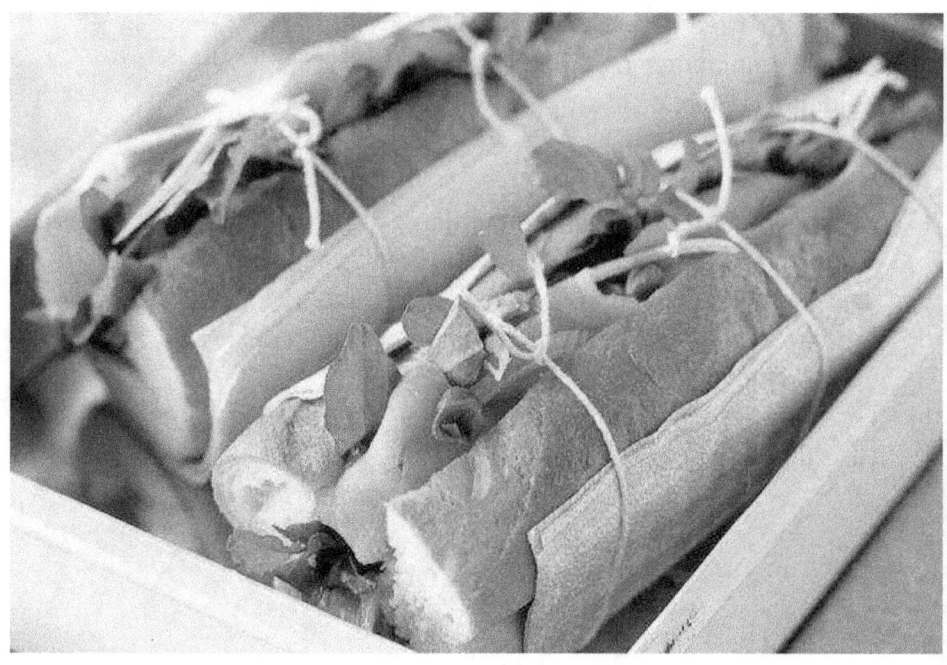

**BAHAN-BAHAN:**
- 1 baguette
- Kepingan salmon salai
- Keju krim
- Hiris bawang merah
- Kaper
- Dill segar

**ARAHAN:**
a) Potong baguette separuh memanjang.
b) Sapukan krim keju pada kedua-dua belah baguette.
c) Lapiskan salmon salai di bahagian bawah.
d) Teratas dengan hirisan bawang merah, caper dan dill segar.
e) Letakkan separuh lagi baguette di atas dan tekan perlahan-lahan.
f) Hiris dan hidangkan.

## 83. Baguette Sumbat BLT

**BAHAN-BAHAN:**
- 1 baguette
- Bacon, dimasak dan hancur
- Tomato yang dihiris
- Daun selada
- Mayonis

**ARAHAN:**
a) Potong baguette separuh memanjang.
b) Sapukan mayonis pada kedua-dua belah baguette.
c) Lapiskan bacon, hirisan tomato, dan salad pada bahagian bawah.
d) Letakkan separuh lagi baguette di atas dan tekan perlahan-lahan.
e) Hiris dan hidangkan.

## 84. Baguette Sumbat Salad Telur

**BAHAN-BAHAN:**
- 1 baguette
- Salad telur (dibuat dengan telur rebus, mayonis, mustard dan perasa)
- Daun selada
- Acar dihiris

**ARAHAN:**
a) Potong baguette separuh memanjang.
b) Sapukan lapisan salad telur pada bahagian bawah.
c) Teratas dengan daun salad dan hirisan jeruk.
d) Letakkan separuh lagi baguette di atas dan tekan perlahan-lahan.
e) Hiris dan hidangkan.

## 85. Baguette Sumbat Sayuran dan Hummus

**BAHAN-BAHAN:**
- 1 baguette
- Hummus
- Timun dihiris
- Lada benggala dihiris
- Hiris bawang merah
- Buah zaitun hitam yang dihiris
- Daun selada

**ARAHAN:**
a) Potong baguette separuh memanjang.
b) Sapukan lapisan hummus pada kedua-dua belah baguette.
c) Lapiskan hirisan timun, lada benggala, bawang merah, zaitun hitam, dan daun salad pada bahagian bawah.
d) Letakkan separuh lagi baguette di atas dan tekan perlahan-lahan.
e) Hiris dan hidangkan.

## 86. Baguette Strawberi

**BAHAN-BAHAN:**
- 1 baguette
- 1 cawan strawberi segar, dihiris
- 8 oz krim keju, dilembutkan
- 2 sudu besar gula halus
- 1 sudu teh ekstrak vanila
- Perahan 1 limau
- Daun pudina segar untuk hiasan (pilihan)

**ARAHAN:**
a) Panaskan ketuhar anda hingga 350°F (175°C).
b) Potong baguette separuh memanjang, buat dua bahagian.
c) Letakkan bahagian baguette pada lembaran pembakar dan bakar dalam ketuhar yang telah dipanaskan selama kira-kira 5 minit atau sehingga ia agak garing. Anda boleh melangkau langkah ini jika anda lebih suka baguette yang lebih lembut.
d) Dalam mangkuk adunan, satukan krim keju lembut, gula tepung, ekstrak vanila dan kulit limau. Gaul hingga sebati dan sebati.
e) Setelah bahagian baguette selesai dibakar, biarkan ia sejuk selama beberapa minit.
f) Sapukan campuran keju krim secara merata ke atas bahagian potongan baguette.
g) Susun strawberi yang telah dihiris di atas lapisan cream cheese.
h) Jika dikehendaki, hiaskan dengan daun pudina segar untuk menyerlahkan warna dan rasa.
i) Letakkan dua bahagian baguette bersama-sama untuk membentuk sandwic.
j) Menggunakan pisau tajam, potong baguette ke dalam hidangan individu.
k) Hidangkan Baguette Strawberi anda dan nikmatilah!

## 87.Baguette Ara

**BAHAN-BAHAN:**
- 1 baguette
- 8-10 buah ara segar, dihiris
- 4 oz keju kambing atau keju krim
- 2-3 sudu besar madu
- Daun rosemary segar untuk hiasan (pilihan)

**ARAHAN:**
a) Panaskan ketuhar anda hingga 350°F (175°C).
b) Potong baguette separuh memanjang, buat dua bahagian.
c) Letakkan bahagian baguette pada lembaran pembakar dan bakar dalam ketuhar yang telah dipanaskan selama kira-kira 5 minit atau sehingga ia agak garing. Anda boleh melangkau langkah ini jika anda lebih suka baguette yang lebih lembut.
d) Semasa baguette dibakar, basuh dan potong buah ara segar.
e) Setelah bahagian baguette selesai dibakar, biarkan ia sejuk selama beberapa minit.
f) Sapukan keju kambing atau krim keju secara merata ke atas bahagian potongan baguette.
g) Susun buah tin yang dihiris di atas lapisan keju.
h) Siramkan madu ke atas buah tin. Jumlah madu boleh diselaraskan mengikut citarasa anda.
i) Jika mahu, hiaskan dengan daun rosemary segar untuk sentuhan yang harum.
j) Letakkan dua bahagian baguette bersama-sama untuk membentuk sandwic.
k) Menggunakan pisau tajam, potong baguette ke dalam hidangan individu.
l) Hidangkan Fig Baguette anda dan nikmatilah!

## 88.Baguette Epal

**BAHAN-BAHAN:**
- 1 baguette
- 2-3 biji epal, dihiris nipis (gunakan varieti kegemaran anda)
- 4 oz keju Brie atau keju krim
- 2 sudu besar madu
- 1/4 cawan walnut cincang (pilihan)
- Daun thyme segar untuk hiasan (pilihan)

**ARAHAN:**
a) Panaskan ketuhar anda hingga 350°F (175°C).
b) Potong baguette separuh memanjang, buat dua bahagian.
c) Letakkan bahagian baguette pada lembaran pembakar dan bakar dalam ketuhar yang telah dipanaskan selama kira-kira 5 minit atau sehingga ia agak garing. Anda boleh melangkau langkah ini jika anda lebih suka baguette yang lebih lembut.
d) Semasa baguette dibakar, basuh, inti, dan hiris nipis epal.
e) Setelah bahagian baguette selesai dibakar, biarkan ia sejuk selama beberapa minit.
f) Sapukan keju Brie atau keju krim secara merata ke atas bahagian potongan baguette.
g) Susun epal yang dihiris di atas lapisan keju.
h) Siramkan madu ke atas epal. Laraskan jumlah madu mengikut tahap kemanisan yang anda inginkan.
i) Jika anda suka, taburkan walnut cincang di atas epal untuk rangup yang menyenangkan.
j) Jika anda mempunyai daun thyme segar, hiaskan Epal Baguette anda dengan beberapa tangkai thyme untuk menambah rasa.
k) Letakkan dua bahagian baguette bersama-sama untuk membentuk sandwic.
l) Menggunakan pisau tajam, potong baguette ke dalam hidangan individu.
m) Hidangkan Epal Baguette anda dan nikmatilah!

## 89.Peach dan Basil Baguette

**BAHAN-BAHAN:**
- 1 baguette
- 2-3 pic masak, dihiris nipis
- 4 oz keju mozzarella segar, dihiris
- Daun selasih segar
- 2 sudu besar minyak zaitun extra-virgin
- 1 sudu besar cuka balsamic
- Garam dan lada hitam secukup rasa

**ARAHAN:**
a) Panaskan ketuhar anda hingga 350°F (175°C).
b) Potong baguette separuh memanjang, buat dua bahagian.
c) Letakkan bahagian baguette pada lembaran pembakar dan bakar dalam ketuhar yang telah dipanaskan selama kira-kira 5 minit atau sehingga ia agak garing. Anda boleh melangkau langkah ini jika anda lebih suka baguette yang lebih lembut.
d) Semasa baguette dibakar, basuh dan hiris nipis pic masak.
e) Setelah bahagian baguette selesai dibakar, biarkan ia sejuk selama beberapa minit.
f) Susun hirisan mozzarella segar pada separuh daripada baguette.
g) Letakkan pic yang dihiris di atas mozzarella.
h) Koyakkan daun selasih segar dan taburkannya di atas pic.
i) Siramkan minyak zaitun extra virgin dan cuka balsamic di atas lapisan pic dan basil.
j) Perasakan dengan secubit garam dan lada hitam yang baru dikisar secukup rasa.
k) Letakkan separuh lagi baguette di atas untuk membuat sandwic.
l) Menggunakan pisau tajam, potong baguette ke dalam hidangan individu.
m) Hidangkan Peach dan Basil Baguette anda dan nikmatilah!

## 90. Raspberi dan Baguette Keju Kambing

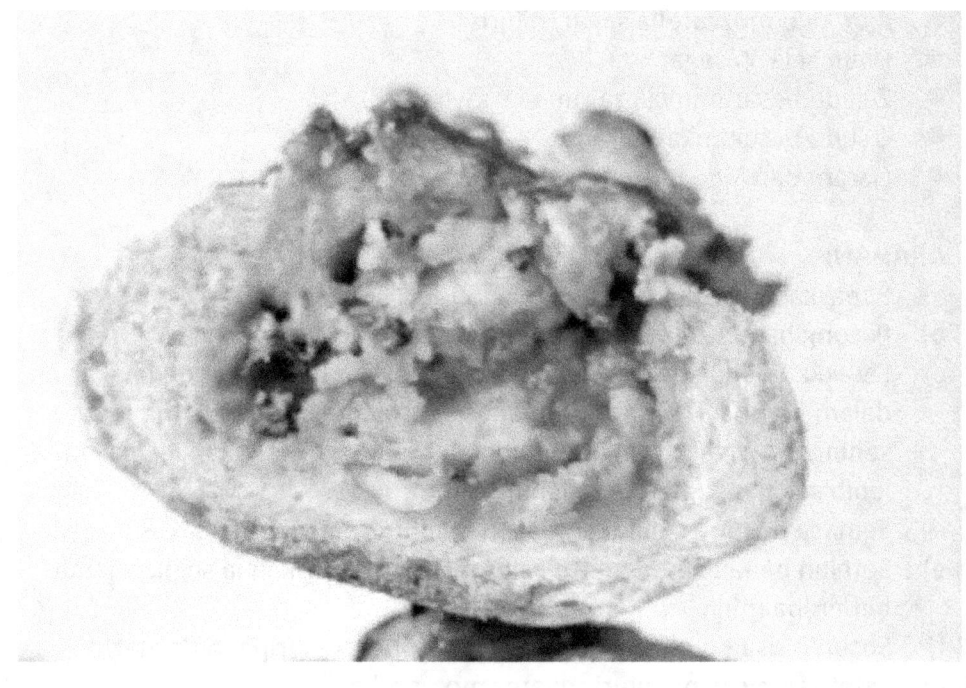

**BAHAN-BAHAN:**
- 1 baguette
- 4 oz keju kambing
- 1 cawan raspberi segar
- 2 sudu besar madu
- Daun pudina segar (pilihan, untuk hiasan)

**ARAHAN:**
a) Panaskan ketuhar anda hingga 350°F (175°C).
b) Potong baguette separuh memanjang, buat dua bahagian.
c) Letakkan bahagian baguette pada lembaran pembakar dan bakar dalam ketuhar yang telah dipanaskan selama kira-kira 5 minit atau sehingga ia agak garing. Anda boleh melangkau langkah ini jika anda lebih suka baguette yang lebih lembut.
d) Semasa baguette dibakar, basuh raspberi segar.
e) Setelah bahagian baguette selesai dibakar, biarkan ia sejuk selama beberapa minit.
f) Sapukan keju kambing secara merata ke atas bahagian baguette yang dipotong.
g) Taburkan raspberi segar di atas lapisan keju kambing.
h) Tuangkan madu ke atas raspberi. Anda boleh melaraskan jumlah madu mengikut tahap kemanisan yang anda inginkan.
i) Jika dikehendaki, hiaskan dengan daun pudina segar untuk menyerlahkan warna dan rasa tambahan.
j) Letakkan dua bahagian baguette bersama-sama untuk membentuk sandwic.
k) Menggunakan pisau tajam, potong baguette ke dalam hidangan individu.
l) Hidangkan Baguette Keju Raspberi dan Kambing anda dan nikmatilah!

## 91. Anggur dan Gorgonzola Baguette

**BAHAN-BAHAN:**
- 1 baguette
- 4 oz keju Gorgonzola
- 1 cawan anggur merah atau hitam tanpa biji, dibelah dua
- 2 sudu besar madu
- Daun thyme segar (pilihan, untuk hiasan)

**ARAHAN:**
a) Panaskan ketuhar anda hingga 350°F (175°C).
b) Potong baguette separuh memanjang, buat dua bahagian.
c) Letakkan bahagian baguette pada lembaran pembakar dan bakar dalam ketuhar yang telah dipanaskan selama kira-kira 5 minit atau sehingga ia agak garing. Anda boleh melangkau langkah ini jika anda lebih suka baguette yang lebih lembut.
d) Semasa baguette dibakar, basuh dan belah dua buah anggur tanpa biji.
e) Setelah bahagian baguette selesai dibakar, biarkan ia sejuk selama beberapa minit.
f) Sapukan keju Gorgonzola secara merata ke atas bahagian potongan baguette.
g) Susun buah anggur yang dibelah dua di atas lapisan Gorgonzola.
h) Tuangkan madu ke atas anggur dan keju. Anda boleh melaraskan jumlah madu mengikut tahap kemanisan yang anda inginkan.
i) Jika mahu, hiaskan dengan daun thyme segar untuk sentuhan yang harum.
j) Letakkan dua bahagian baguette bersama-sama untuk membentuk sandwic.
k) Menggunakan pisau tajam, potong baguette ke dalam hidangan individu.
l) Hidangkan Anggur dan Gorgonzola Baguette anda dan nikmatilah!

## 92.Pear dan Walnut Baguette

**BAHAN-BAHAN:**
- 1 baguette
- 2 biji pir masak, dihiris nipis
- 1/2 cawan walnut cincang
- 4 oz keju biru atau keju kambing
- 2 sudu besar madu
- Daun thyme segar (pilihan, untuk hiasan)

**ARAHAN:**
a)  Panaskan ketuhar anda hingga 350°F (175°C).
b)  Potong baguette separuh memanjang, buat dua bahagian.
c)  Letakkan bahagian baguette pada lembaran pembakar dan bakar dalam ketuhar yang telah dipanaskan selama kira-kira 5 minit atau sehingga ia agak garing. Anda boleh melangkau langkah ini jika anda lebih suka baguette yang lebih lembut.
d)  Semasa baguette dibakar, kupas, inti, dan hiris nipis pear masak.
e)  Setelah bahagian baguette selesai dibakar, biarkan ia sejuk selama beberapa minit.
f)  Sapukan keju biru atau keju kambing secara merata ke atas bahagian potongan baguette.
g)  Susun pir yang dihiris di atas lapisan keju.
h)  Taburkan walnut cincang ke atas pear.
i)  Tuangkan madu ke atas pear dan walnut. Anda boleh melaraskan jumlah madu mengikut tahap kemanisan yang anda inginkan.
j)  Jika mahu, hiaskan dengan daun thyme segar untuk menambah rasa.
k)  Letakkan dua bahagian baguette bersama-sama untuk membentuk sandwic.
l)  Menggunakan pisau tajam, potong baguette ke dalam hidangan individu.
m)  Hidangkan Pear dan Walnut Baguette anda dan nikmatilah!

## 93. Baguette mangga

**BAHAN-BAHAN:**
- 1 baguette
- 2 biji mangga masak, dikupas, diadu, dan dihiris nipis
- 4 oz krim keju atau keju kambing
- 2 sudu besar madu
- Daun pudina segar (pilihan, untuk hiasan)
- 160 gram (5 auns) ayam masak yang dicincang (pilihan)

**ARAHAN:**
a) Panaskan ketuhar anda hingga 350°F (175°C).
b) Potong baguette separuh memanjang, buat dua bahagian.
c) Letakkan bahagian baguette pada lembaran pembakar dan bakar dalam ketuhar yang telah dipanaskan selama kira-kira 5 minit atau sehingga ia agak garing. Anda boleh melangkau langkah ini jika anda lebih suka baguette yang lebih lembut.
d) Semasa baguette dibakar, kupas, lubangi, dan potong nipis mangga masak.
e) Setelah bahagian baguette selesai dibakar, biarkan ia sejuk selama beberapa minit.
f) Sapukan keju krim atau keju kambing secara merata ke atas bahagian baguette yang dipotong.
g) Susun hirisan mangga dan ayam di atas lapisan keju.
h) Siramkan madu ke atas hirisan mangga. Anda boleh melaraskan jumlah madu mengikut tahap kemanisan yang anda inginkan.
i) Jika dikehendaki, hiaskan dengan daun pudina segar untuk menyerlahkan warna dan rasa tambahan.
j) Letakkan dua bahagian baguette bersama-sama untuk membentuk sandwic.
k) Menggunakan pisau tajam, potong baguette ke dalam hidangan individu.
l) Hidangkan Mango Baguette anda dan nikmatilah!

## 94.Blackberry dan Ricotta Baguette

**BAHAN-BAHAN:**
- 1 baguette
- 1 cawan beri hitam segar
- 8 oz keju ricotta
- 2 sudu besar madu
- Daun selasih segar untuk hiasan (pilihan)

**ARAHAN:**
a) Panaskan ketuhar anda hingga 350°F (175°C).
b) Potong baguette separuh memanjang, buat dua bahagian.
c) Letakkan bahagian baguette pada lembaran pembakar dan bakar dalam ketuhar yang telah dipanaskan selama kira-kira 5 minit atau sehingga ia agak garing. Anda boleh melangkau langkah ini jika anda lebih suka baguette yang lebih lembut.
d) Semasa baguette dibakar, basuh perlahan-lahan dan keringkan beri hitam segar.
e) Setelah bahagian baguette selesai dibakar, biarkan ia sejuk selama beberapa minit.
f) Sapukan keju ricotta secara merata ke atas bahagian baguette yang dipotong.
g) Susun beri hitam segar di atas lapisan ricotta.
h) Tuangkan madu ke atas beri hitam. Anda boleh melaraskan jumlah madu mengikut tahap kemanisan yang anda inginkan.
i) Jika dikehendaki, hiaskan dengan daun selasih segar untuk menyerlahkan warna dan menambah rasa.
j) Letakkan dua bahagian baguette bersama-sama untuk membentuk sandwic.
k) Menggunakan pisau tajam, potong baguette ke dalam hidangan individu.
l) Hidangkan Blackberry dan Ricotta Baguette anda dan nikmatilah!

# MINI BAGUETTE GULUNG

## 95. Roti Roti Mini Perancis

Membuat: 12 gulung

**BAHAN-BAHAN:**
- 1 2/3 cawan air suam (antara 95°F dan 110°F)
- 1 paket (1/4-auns) yis kering aktif
- 1/2 sudu teh garam
- 4 cawan tepung serba guna
- 2 sudu besar minyak zaitun
- 2 putih telur besar (untuk pilihan memberus)

**ARAHAN:**
a) Mulakan dengan memasang bahan-bahan anda.
b) Dalam mangkuk yang luas, satukan air suam dan yis sehingga yis larut sepenuhnya.
c) Masukkan garam dan ayak secara beransur-ansur dalam 1 cawan tepung pada satu masa, sehingga anda mendapat doh yang lembut dan boleh diuli.
d) Pindahkan doh ke atas permukaan yang ditaburi sedikit tepung dan uli selama lebih kurang 8 minit. Jika doh menjadi terlalu melekit, taburkan sedikit dengan tepung dan teruskan menguli sehingga mencapai konsistensi yang lembut.
e) Griskan mangkuk bersaiz sederhana dengan minyak zaitun. Letakkan doh dalam mangkuk, terbalikkan untuk memastikan bahagian atas doh juga digris sedikit. Tutup mangkuk dengan tuala dapur atau bungkus plastik yang bersih, dan biarkan doh mengembang di lokasi yang hangat dan bebas draf sehingga saiznya menjadi dua kali ganda, yang biasanya mengambil masa kira-kira 1 jam.
f) Tebuk perlahan-lahan doh di dalam mangkuk.
g) Tutup mangkuk sekali lagi dan biarkan doh mengembang selama sejam lagi atau sehingga ia mengembang dua kali ganda lagi.
h) Tebuk doh kali kedua.
i) Balikkan doh ke atas permukaan tepung dan uli untuk menghilangkan gelembung udara, yang akan mengambil masa sekitar 5 minit.
j) Bahagikan doh kepada 12 bahagian yang sama dan bentukkan setiap satunya menjadi gulungan bulat. Untuk hasil akhir yang lebih tepat, anda

boleh menimbang doh awal dan membahagikannya kepada 12 bahagian dengan berat yang sama.

k) Letakkan gulung pada lembaran pembakar yang telah digris dan tutupkannya, biarkan ia naik untuk kali ketiga selama kira-kira 1 jam.

l) Tanggalkan penutup dan ratakan setiap gulungan dengan tapak tangan anda di atas permukaan yang ditaburi sedikit tepung.

m) Gulungkan setiap bulatan doh ke dalam, pastikan jahitan menghadap ke bawah. Dengan tangan anda pada sudut 45 darjah, tiruskan hujung setiap gulungan untuk membentuk bentuk runcing, menyerupai baguette kecil.

n) Kembalikan gulungan ke dalam loyang yang telah digris, jahitan ke bawah. Tutupnya sekali lagi dan biarkan ia menjadi bukti (naik) untuk kali terakhir, yang sepatutnya mengambil masa kira-kira 45 minit atau sehingga saiznya dua kali ganda.

o) Bakar gulung pada suhu 400°F selama kira-kira 20 minit, atau sehingga ia bertukar menjadi perang keemasan yang cantik. Jika mahu, anda boleh menyemburkannya dengan air yang ditapis beberapa kali semasa membakar untuk mencapai kerak yang rangup, atau sapu 2 putih telur ke atas gulung sebelum dibakar untuk kemasan berkilat.

p) Setelah keluar dari ketuhar, pindahkan gulung ke rak penyejuk.

q) Hidangkan roti gulung mini yang lazat ini sama ada dalam keadaan suam atau pada suhu bilik dan nikmati rasa lazatnya.

## 96.Roti Roti Susu Mini

Membuat: 36 gulung mini

**BAHAN-BAHAN:**
- 600 g tepung biasa
- 3 sudu teh yis segera
- 1 sudu teh garam
- 1 sudu besar minyak
- 1 sudu besar madu
- 375 ml susu

**ARAHAN:**

a) Letakkan tepung biasa, yis segera dan garam ke dalam mangkuk adunan besar atau mangkuk pengadun berdiri.

b) Sukat minyak dan kemudian gunakan sudu yang sama untuk menyukat madu. Ini sepatutnya menjadikan madu mudah meluncur dari sudu.

c) Tuangkan susu ke dalam adunan, dan kemudian putarkan pengadun pada kelajuan rendah.

d) Setelah adunan sebati menjadi doh yang kasar, putar kelajuan ke sederhana dan uli selama 10 minit sehingga doh menjadi seperti sutera dan licin.

e) Jika anda bekerja dengan tangan, tuangkan susu dan gunakan garpu untuk mengadun sehingga anda mempunyai doh yang kasar. Pindahkan doh ke papan dan uli selama 10-15 minit sehingga menjadi licin dan selembut sutera.

f) Letakkan doh ke dalam mangkuk besar dan tutup dengan filem berpaut. Biarkan ia terbukti di tempat yang hangat selama sejam, atau letakkan di dalam peti sejuk untuk membuktikan perlahan-lahan semalaman.

g) Panaskan ketuhar kepada 220ºC/200ºC paksa kipas/Tanda gas 7.

h) Keluarkan udara dari doh anda dan cepat menguli.

i) Tarik bola kecil doh, kira-kira saiz walnut, dan tarik ke atas jari anda untuk membuat bahagian atas yang licin. Cubit bahagian bawah untuk membentuk bentuk bola.

j) Letakkan bebola doh di atas loyang yang dialas dengan kertas parchment. Ulangi proses ini; anda biasanya boleh membuat 36 gulung mini daripada campuran ini.

k) Untuk membuat gulungan tarik-pisah, letakkannya hampir bersentuhan antara satu sama lain. Sebagai alternatif, jika anda lebih suka gulungan individu, pastikan terdapat sekurang-kurangnya jurang 2 sentimeter di antara mereka.

l) Bakar gulung selama 12-15 minit sehingga ia bertukar menjadi perang keemasan dan bunyi berongga di bawahnya apabila diketuk.

m) Keluarkan gulung dan biarkan ia sejuk selama 5 minit sebelum dihidangkan. Nikmati!

# 97. Roti Gulung Perancis

Membuat: 12 gulung

**BAHAN-BAHAN:**
- 1 ½ cawan air suam
- 1 sudu besar yis kering segera atau aktif
- 2 sudu besar gula pasir atau madu
- 2 sudu besar minyak kanola
- 1 sudu teh garam
- 3 ½ hingga 4 cawan (497 hingga 569 g) serba guna atau tepung roti, lebih kurang

**ARAHAN:**
a) Dalam mangkuk pengadun berdiri yang dipasang dengan cangkuk doh atau dalam mangkuk besar dengan tangan, satukan air suam, yis segera, gula, minyak, garam dan 2 cawan tepung.
b) Mula mengadun, dan teruskan menambah baki tepung secara beransur-ansur sehingga doh telah ditarik dari sisi mangkuk. Uli doh selama 4-5 minit dalam pengadun berdiri (7-9 minit dengan tangan).
c) Doh hendaklah lembut dan licin tetapi masih sedikit lekat apabila disentuh. Selepas beberapa minit menguli, hentikan pengadun dan uji sama ada doh memerlukan lebih banyak tepung. Ia mungkin meninggalkan sedikit sisa melekit pada jari anda, tetapi jika anda boleh menggulungnya menjadi bola kecil tanpa melekat di seluruh tangan anda, anda boleh menggunakannya. Jika tidak, tambah sedikit lagi tepung secara beransur-ansur mengikut keperluan.
d) Letakkan doh dalam mangkuk yang telah digris sedikit dan tutup. Biarkan doh mengembang dua kali ganda, biasanya mengambil masa 1-2 jam.
e) Tebuk doh perlahan-lahan dan keluarkan ke atas meja yang telah digris sedikit.
f) Bahagikan doh kepada 12 bahagian yang sama, kira-kira 2.75 auns setiap satu, lebih atau kurang, dan bentukkannya menjadi bola bulat.
g) Letakkan gulung dalam kuali 9x13 inci yang telah digris ringan atau di atas loyang besar berbingkai yang dialas dengan parchment atau digris sedikit. Jarakkan gulungan kira-kira 1/2- hingga 1 inci.
h) Tutup gulungan dengan bungkus plastik yang digris sedikit, berhati-hati agar tidak menyematkan bungkus plastik di bawah loyang, atau

gulungan akan leper semasa naik. Biarkan balutan plastik menggantung perlahan-lahan di bahagian tepi kuali untuk menutup sepenuhnya gulungan tetapi jangan menekannya ke bawah.

i) Biarkan gulung naik sehingga ia sangat kembang dan dua kali ganda saiznya, yang sepatutnya mengambil masa kira-kira 45 minit hingga 1 jam.

j) Panaskan ketuhar hingga 400 darjah. Bakar selama 15-17 minit sehingga gulungan berwarna perang dan masak.

k) Segera keluar dari ketuhar, sapu gulung dengan mentega.

l) Nikmati roti gulung Perancis buatan sendiri anda!

## 98. Mini Baguette Tanpa Gluten

Membuat: 5 baguette mini

**BAHAN-BAHAN:**
**ADUNAN TEPUNG SEGALA TUJUAN BEBAS GLUTEN**
- 6 cawan tepung beras putih yang dikisar batu
- 3 1/4 cawan tepung sorgum
- 1 3/4 cawan tepung ubi kayu atau kanji
- 1 1/4 cawan kanji kentang
- 1/4 cawan xanthan gum atau serbuk sekam psyllium

**MINI BAGUET BEBAS GLUTEN**
- 6 1/2 cawan campuran tepung serba guna bebas gluten
- 1 sudu besar yis aktif atau segera kering
- 1 1/2 sudu besar garam halal
- 2 sudu besar gula
- 3 3/4 cawan air suam
- 1 putih telur dan 1 sudu besar air untuk memberus baguette
- Kertas parchment atau tepung jagung

**ARAHAN:**
**MENJADIKAN Adun TEPUNG SEGALA TUJUAN BEBAS GLUTEN**
a) Satukan dan kisar bahan dalam bekas 5 hingga 6 liter dengan penutup. Pastikan tepung sebati dengan memberikan bekas itu goncang yang baik.
b) Jangan tukar kanji kentang dengan tepung kentang.
c) Jika anda memilih serbuk sekam psyllium dan bukannya gusi xanthan, jangan simpan doh selama lebih daripada lima hari.
d) Apabila mengukur menggunakan sukatan cawan AS, bungkus tepung dengan ketat ke dalam cawan, seolah-olah anda sedang mengukur gula perang.

**MENYEDIAKAN MINI BAGUET BEBAS GLUTEN**
e) Dalam mangkuk 5 hingga 6 liter atau menggunakan pengadun berdiri, pukul bersama tepung, yis, garam dan gula.
f) Tambah air suam (sekitar 100ºF), yang membolehkan doh mengembang ke titik yang sepatutnya untuk penyejukan dalam masa 2 jam.
g) Gunakan lampiran dayung pengadun dan gaul sehingga adunan menjadi sangat licin, kira-kira satu minit. Sebagai alternatif, anda

boleh campurkan dengan teliti menggunakan tangan dengan sudu atau spatula selama satu hingga dua minit. Menguli tidak perlu. Pindahkan adunan ke dalam bekas makanan bertutup (tidak kedap udara).

h) Tutupnya dengan penutup yang sesuai atau longgar dengan bungkus plastik, pastikan ia tidak kedap udara. Biarkan campuran mengembang pada suhu bilik selama kira-kira 2 jam, kemudian simpan dalam peti sejuk dan gunakan dalam masa 10 hari berikutnya. Anda boleh menggunakan sebahagian daripada doh bila-bila masa selepas kenaikan awal 2 jam. Doh yang disejukkan sepenuhnya kurang melekit dan lebih mudah diurus berbanding doh pada suhu bilik. Jangan tebuk doh; langkah ini tidak diperlukan dalam penaik roti bebas gluten.

i) Pada hari anda bercadang untuk membakar, ambil sekeping doh 3/4 paun (saiz oren besar) dan letakkan di atas kulit pizza yang disediakan dengan banyak tepung jagung atau kertas kulit. Menggunakan tangan yang telah ditaburkan tepung, bentukkan doh secara perlahan-lahan menjadi log atau silinder dengan hujung sedikit tirus. Ratakan permukaan dengan jari yang basah. Biarkan ia berehat pada suhu bilik, ditutup longgar dengan bungkus plastik atau di bawah mangkuk terbalik yang luas, selama 40 minit. Doh tidak akan kelihatan mengembang banyak pada masa ini, itu adalah perkara biasa.

j) Semasa doh direhatkan, panaskan batu pembakar atau keluli pembakar di tengah-tengah ketuhar anda pada suhu 450ºF selama sekurang-kurangnya 30 minit. Sebagai alternatif, anda boleh memanaskan terlebih dahulu kuali tumis besi tuang bertutup atau ketuhar Belanda pada suhu 450ºF selama 45 minit. Jika anda menggunakan batu atau keluli, letakkan dulang daging ayam kosong di atas rak di bawahnya untuk menakung air.

k) Sapu bahagian atas baguette dengan basuh putih telur atau air kosong. Menggunakan pisau roti bergerigi basah, buat potongan pepenjuru kira-kira 1/2 inci dalam.

l) Luncurkan baguette dengan berhati-hati ke atas batu yang telah dipanaskan terlebih dahulu. Tuangkan 1 cawan air paip panas dengan cepat dan berhati-hati ke dalam dulang daging ayam dan tutup pintu ketuhar untuk memerangkap wap. Bakar selama kira-kira 40 hingga

45 minit, atau sehingga baguette berwarna perang dan pejal. Jika anda menggunakan kaedah kertas pacmen, anda boleh menggunakannya sebagai pemegang untuk menurunkan kertas parchment atas doh ke dalam periuk yang telah dipanaskan. Tutup periuk dan masukkan ke dalam ketuhar. Tidak perlu mandi wap dengan periuk bertutup. Jika anda menggunakan bekas yang telah dipanaskan, keluarkan penutup selepas 30 minit dan bakar selama 10 hingga 15 minit tambahan tanpa bertutup, atau sehingga kerak berwarna perang.

m) Biarkan roti sejuk sepenuhnya, kira-kira 2 jam, di atas rak dawai.
n) Simpan apa-apa doh yang tinggal di dalam peti sejuk di dalam bekas bertutup anda atau dibalut longgar dengan plastik. Semasa beberapa hari pertama di dalam peti sejuk, biarkan penutup terbuka retak untuk membolehkan gas keluar jika bekas anda tidak dialihkan. Selepas itu, anda boleh menutupnya. Nikmati baguette bebas gluten buatan sendiri anda!

## 99. Baguette Mini Desa

Membuat 5 hidangan

**BAHAN-BAHAN:**
**PRADOUG:**
- 40 gram roti kering yang lama
- 40 gram tepung roti
- 80 gram air
- 1/4 sudu teh yis segera (kira-kira 0.6 gram)

**MASAM:**
- 40 gram tepung rai
- 40 gram air
- 4 gram pemula masam rai

**doh UTAMA:**
- 210 gram tepung roti
- 60 gram tepung rai
- 3/4 sudu teh (kira-kira 1.6 gram) yis segera
- 7 gram garam
- 125 gram air
- Tepung rai tambahan untuk habuk

**ARAHAN:**
a) Dalam mangkuk kecil, satukan 40 gram roti kering yang lama, 40 gram tepung, 0.6 gram (1/4 sudu teh) yis segera dan 80 gram air.
b) Tutup mangkuk dengan bungkus plastik dan simpan dalam peti sejuk selama 3 hari.
c) Sehari sebelum membakar, campurkan bersama 40 gram tepung rai, 40 gram air, dan 4 gram pemula doh.
d) Tutup dan biarkan ia berada pada suhu bilik selama 16-20 jam.
e) Dalam mangkuk besar, satukan 210 gram tepung roti, 60 gram tepung rai, kira-kira 1.6 gram (3/4 sudu teh) yis segera dan 7 gram garam.
f) Campurkan bahan-bahan kering ini dengan teliti.
g) Letakkan pra-doh, doh masam, dan 125 gram air ke atas tepung kering.
h) Perlahan-lahan satukan semuanya dengan tangan anda, kemudian uli pada permukaan yang ditaburkan tepung sehingga doh menjadi licin, yang mengambil masa kira-kira 10 minit.

i) Pindahkan doh yang telah diuli ke dalam mangkuk dan tutupnya.
j) Biarkan ia mengembang selama 90 minit, tetapi ingat untuk melipat, menumbuk ke bawah, dan melipat doh sekali lagi selepas 30 minit pertama dan kemudian sekali lagi selepas 30 minit lagi.
k) Selepas 90 minit, bahagikan doh kepada 5 bahagian yang sama, setiap satu dengan berat kira-kira 130 gram.
l) Perlahan-lahan ratakan setiap bahagian tanpa mengeluarkan terlalu banyak udara, dan gulungkannya ke dalam bentuk silinder.
m) Letakkan bahagian doh pada kain yang ditaburkan tepung, tutupnya dengan tuala teh, dan biarkan mereka berehat selama 10 minit.
n) Selepas rehat 10 minit, gunakan tangan anda untuk membentuk setiap kepingan doh menjadi baguette mini, kira-kira 9-10 cm panjang. Anda boleh membiarkan hujungnya bulat atau menjadikannya runcing.
o) Taburkan setiap baguette yang terbentuk dengan banyaknya dengan tepung rai.
p) Letakkan bahagian atas lipatan atas kain yang ditaburkan tepung, tutup dengan tuala teh, dan biarkan ia naik selama 30 minit terakhir.
q) Sementara itu, panaskan ketuhar anda kepada 250°C/480°F. Letakkan kuali stim pada rak bawah untuk penjanaan stim kemudian. Sediakan sedikit air mendidih untuk dicurahkan untuk mengukus.
r) Selepas 30 minit, gulungkan baguette perlahan-lahan supaya bahagian lipatan kini KE BAWAH.
s) Letakkannya di atas lembaran pembakar dan skor setiap baguette dengan tiga garisan hampir menegak ke bawah doh.
t) Letakkan baguette di dalam ketuhar dan tuangkan sedikit air mendidih ke dalam kuali stim untuk menghasilkan wap.
u) Bakar selama 20 minit, tetapi selepas 10 minit pertama, keluarkan kuali stim dan kurangkan suhu kepada 230°C/450°F.
v) Setelah baguette selesai dibakar, biarkan ia sejuk di atas redai.
w) Nikmati baguette mini desa buatan sendiri anda!

# 100. Mini Baguette yang disumbat

Membuat: 12

**BAHAN-BAHAN:**
- 1 biji bawang besar, dihiris halus
- Minyak untuk menumis
- 1/2 setiap satu lada merah, kuning, oren dan hijau, dipotong dadu halus
- 1 tin (8 oz. / 225 g) cendawan yang dihiris
- 2 biji tomato plum, dicincang
- Garam, secukup rasa
- Serbuk Bawang Putih Gefen, secukup rasa
- 1 dan 3/4 cawan keju parut, dibahagikan
- 12 baguette mini
- Lada, secukup rasa

**ARAHAN:**
**UNTUK PENGISIAN:**
a) Dalam kuali besar, tumiskan bawang besar yang dipotong dadu dalam minyak hingga kekuningan.
b) Masukkan lada sulah dadu dan tumis hingga layu. Masukkan hirisan cendawan dan tomato cincang, dan tumis sehingga semua sayur menjadi lembut. Keluarkan adunan dari api.
c) Perasakan sayur dengan garam, lada sulah, dan serbuk bawang putih. Masukkan 1 cawan keju parut ke dalam adunan, kacau hingga sebati.

**UNTUK MEMASANG:**
d) Potong celah yang dalam dalam setiap baguette mini, mencipta bukaan yang memanjang hampir ke bahagian bawah dan mencapai kedua-dua hujungnya. Tekan perlahan-lahan roti ke bawah dan ke bahagian tepi untuk memberi ruang kepada poket isi sayuran. Sebagai alternatif, anda boleh mengeluarkan beberapa bahagian dalam untuk membuat poket berongga.
e) Bahagikan campuran sayur-sayuran yang disediakan sama rata di antara poket baguette.

Panggang:
f) Letakkan baguette yang disumbat ke atas loyang yang beralaskan. Taburkan bahagian atas baguette dengan baki keju yang dicincang.
g) Bakar dalam ketuhar di rak bawah selama kira-kira 5-8 minit, pastikan keju dan gulung tidak hangus.
h) Keluarkan dari ketuhar dan hidangkan segera. Nikmati baguette mini sumbat anda yang lazat!

# KESIMPULAN

Semasa kami mengakhiri perjalanan luar biasa ini ke dalam "Seni Pembakaran Baguette: Melepaskan Aroma dan Perisa Roti Perancis," kami berharap buku masakan ini bukan sahaja memperkaya kemahiran membakar anda tetapi juga mengisi hidup anda dengan keajaiban roti yang segar dan wangi. .

Proses mencipta baguette, daripada pencampuran awal bahan-bahan hingga saat terakhir mengeluarkan roti yang berwarna perang cantik dari ketuhar, adalah bukti dedikasi dan cinta anda terhadap seni membakar roti. Kami percaya bahawa setiap gigitan baguette ini telah membawa kegembiraan dan kepuasan yang besar kepada usaha kulinari anda.

Selain menguasai resipi, baking baguette adalah tentang rasa pencapaian dan perayaan tradisi dan budaya. Aroma dan rasa roti Perancis menghubungkan kami dengan warisan pembuat roti yang telah menghasilkan roti ini selama beberapa generasi, dan kini anda meneruskan legasi itu.

Kami menggalakkan anda untuk terus meneroka dan bereksperimen dengan resipi baharu, berkongsi roti anda dengan rakan dan keluarga serta mencipta detik yang tidak dapat dilupakan di sekeliling meja. Semoga aroma baguette segar terus menyerikan rumah anda, dan semoga anda sentiasa mendapat inspirasi dalam dunia penaik roti Perancis yang indah.

Terima kasih kerana menjadi sebahagian daripada pengembaraan membakar baguette bersama kami. Kami sangat menjangkakan mendengar tentang ciptaan baguette anda sendiri dan rasa unik yang anda masukkan ke dalam roti anda. Selamat membakar, dan semoga aroma dan rasa roti Perancis yang tidak dapat ditolak sentiasa menyerikan dapur anda!

www.ingramcontent.com/pod-product-compliance
Lightning Source LLC
Chambersburg PA
CBHW071304110526
44591CB00010B/771